# 탑

선 채로
천년을 살면
무엇이 보일까

# 탑

선 채로
천년을 살면
무엇이 보일까

손묵광 찍고 + 이달균 쓰다

마음
서재

# 운명적 만남, 한국 석탑의 기억.록

석탑은 우리 민족의 역사이고 혼이며, 종교와 예술의 소재로서 민족문화를 쌓아온 '문화의 옹기'이다. 왕조의 흥망을 지켜보고 전쟁의 참상, 화마와 풍상을 견디며 오늘에 이른 석탑을 통해 우리는 선조들의 감성과 예술혼을 느낄 수 있다.

세계 어느 나라도 보여주지 못한 독창적이고 위대한 우리의 석탑을 스쳐 가는 풍경사진이나 자료로만 접하기에는 아쉬움이 컸기에 이들을 직접 카메라에 담기로 작정하고 길을 나섰다. 그렇게 달린 거리가 2년 동안 5만 km가 넘으니 지구 한 바퀴를 돌고도 남는다.

그동안 만난 모든 탑이 애착이 가지만 그중 설악산 봉정암 오층석탑은 소회가 좀 각별하다. 자동차로 400km를 달리고 또다시 6시간 산행을 해야 만날 수 있는 이 탑을 찍으려고 여덟 번이나 고단한 발걸음을 했기 때문이다. 또한 백제시대부터 이 땅을 지켰으나 일제강점기 시멘트로 누더기가 되어버린 익산 미륵사지 석탑이 20여 년에 이르는 해체·보수 공사 끝에 준공되던 전날 새벽녘, 탑을 촬영하던 그 순간의 감개무량함을 말로 표현할 길이 없다. 한여름 긴 산행에 탈수 증상으로 생명의 위험을 느끼기도 했고, 동트기를 기다리며 차 안에서 쪽잠으로 지새운 날도 부지기수다.

전국에 산재한 1,000여 기의 석탑을 사진으로 담아내는 작업은 여전히 현재진행형이다. 그동안 묵묵히 새벽길을 따라나선 아내와 응원해준 많은 분들에게 이 자리를 빌려 고마움을 전한다.

# 탑에게 다가가 마음을 열었더니

석탑이 내게 말을 걸어온 것은 그리 오래되지 않았다. 그냥 그곳에 있는 옛 유물일 뿐, 그래서 무심히 지나쳤던 것이다. 딱히 내 탓만은 아닌 듯도 싶다. 중요한 석탑이 있는 절도 불사를 많이 하여 탑 주변의 조형미는 물론, 그 존재마저도 잘 부각되지 않는 경우가 있기 때문이다. 폐사지엔 가람의 흔적이 잘 드러나지 않지만 탑은 묵묵히 그 사적史蹟을 지키고 있다.

내가 먼저 영혼을 불어넣지 않으면 탑은 돌로 쌓아 올린 옛사람의 흔적에 불과하다. 하지만 다가가 마음을 열면 탑도 스르르 문을 열어준다. 그때 우린 알 수 있다. 탑도 우리의 발자국을 기다리고 있으며, 별이 깃들고 녹슨 바람이 쉬었다 간다는 것을. 한국의 석탑은 돌로 지은 것이 아니라 정성과 기원으로 지어졌기 때문이다.

책에 실린 석탑들은 대부분 천년의 역사를 간직하고 있다. 그 천년의 숨결에 화답하는 글은 무엇인가 생각했다. 결국 700년 민족의 전통을 이어온 시조時調여야 한다는 결론에 이르렀다. 다시 읽어봐도 매우 모자란 글이다. 하지만 이제 어쩔 수 없다. 탑이라는 하나의 주제로 70여 편의 시조를 창작하는 일이 수월치 않았음을 고백한다.

우리 시대의 걸출한 사진작가 손묵광과 함께 이 일을 할 수 있어서 기쁘다. 이 작업을 하는 동안 그의 나침반은 늘 석탑을 향해 있었다. 그런 채찍질이 없었다면 이 책의 출간은 어려웠을 것이다. 손묵광 작가에게 깊은 감사를 전한다.

이달균

## 2부 경북
어찌 홀로 섰느냐고 묻지 마시라

## 3부 경남
선 채로 천년을 살면 무엇이 보일까

## 4부 충청
거기 절이 있었다 한 왕조가 있었다

## 5부 전라, 제주
기다림이 길어지면 돌에도 뿌리가 난다

# 1부

# 경기, 강원

옛 절집 흔적 없어도
탑은 절을 지킨다

안성 봉업사지 오층석탑

늙은 당간지주와
젊고 실한 오층석탑

연지 곤지도 좋지만
농투성이 사내 닮은

투박한 손길이 좋더라
그런 사랑이 더 좋더라

봉업사지 가기 전에 죽산향교 주변 둘러본다. 구름에 반쯤 가려진 비봉산 자락이 유장한 자태를 드러낸다. 좋은 가람 하나쯤은 있을 만한 곳이란 생각이 든다. 초겨울 폐사지는 황량하다. 공터에 서 있는 껑충한 당간지주가 더욱 을씨년스럽다. 당간지주 사이로 오층석탑이 보인다. 그래도 이 두 유적이 남아 있어 상호 소통하는 듯한 느낌을 받는다.

봉업사지 오층석탑은 경기도에 남아 있는 대표적인 고려 전기의 석탑이다. 높이가 6m로 여러 장의 크고 넓적한 돌로 지대석을 만들고 그 위에 단층 기단을 두고 5층 탑신을 올렸다. 전체적으로 우뚝하고 늠름한 모습이 인상적인데 상륜부가 없어진 것이 아쉽다. 하지만 이만하기도 다행이란 생각으로 마음 다독이며 그곳을 떠나왔다.

하남 동사지 삼층석탑과 오층석탑

난 그저 말없이 천년을 견뎌왔다
남한산성 이성산성이 날 둘러 감쌌으니

오늘은 삼층탑이랑
바둑이나 둘란다

아서라 보채지 마라 벗 하나면 족한 것을
진자리 마른자리도 익히 앉아보았으니

허명에 목숨 건 이들
진즉 다 죽었다 하네

탑 찾아가는 길이 다소 산만하다. 낚시터와 즐비한 음식점들 때문이지만 이내 어수선한 마음 추스르고 하남 동사지에 닿는다. 절터는 동북으로 남한산성과 이성산성이 보이는 분지에 자리해 있다. 고려 초기 하남을 중심으로 한, 한강 이남의 중심 사찰이었던 것으로 추정된다. 동사지 오층석탑은 신라 양식을 계승한 정사각형 탑으로 고려 중기에 건립된 것으로 본다. 삼층석탑과 이웃하여 그리 외로워 보이진 않는다. 화려한 외형보다는 외려 담담한 격이 있어 보물다운 느낌이 든다. 산그늘 이우는 고즈넉한 오후, 그래서 그런지는 몰라도 두 탑 사이 먼 능선에 솟아오른 첨탑도 꼭 탑을 닮았다.

강릉 신복사지 삼층석탑

누가 고려를 저문 왕조라 했나
북쪽엔 금당지 좌우측엔 회랑지
이 가람 흔적에 기대어 고려를 듣는다

황급히 옷깃 적시고 떠난 여우비도
하늘을 걸어와 사라지는 무지개도
해묵은 고려를 잠시 펼쳐 보인 것이리

내비게이션에 의지해 찾아간 신복사지 탑은 화려함보다는 범박한 아름다움을 느끼게 한다. 낮은 산릉이 내려와 가지런한 솔숲 사이로 하늘이 보인다. 먼저 탑 앞에 배치된 보살상에 눈길이 간다. 커다란 원통형 관을 쓰고 오른 무릎은 꿇어앉은 채로 두 손을 가지런히 모으고 있다. 앉음새에 따라 흘러내린 옷의 주름이 자연스럽다. 가람을 짓고 탑을 세운 고려인들의 간절한 기원이며 탑과 보살상을 만든 석공의 노고가 함께 그려진다. 연꽃 모양을 한 탑 상륜부를 따라 아래로 내려오면 기단과 몸돌 각층 밑에 고임돌을 넣어 안정감을 준다.

양양 낙산사 칠층석탑

미친 듯 불기둥이 천지를 덮쳐왔다

훌훌 잿더미를 홀로 걸어 나오며

죽음이

영생의 문임을

깨우쳐주었다

설악의 끝자락이 동해에 이를 때 만나는 절이 낙산사다. 수평선 시작되는 이곳 단애에 관음보살이 계셨던가. 그 물음 안고 의상대사는 여기까지 찾아왔으리라. 법력 깊은 기도가 통했던지 용에게 여의주와 염주를 받고 낙산사를 지었다고 한다. 그 유서 깊은 절도 화마 앞에서는 아무것도 아니었다. 2005년 4월 5일. 하필이면 식목일에 일어난 불은 홍련암 하나만을 남기고 죄다 태워버렸다. 누구도 제어 못 할 불기둥 속에서 탑은 저 홀로 걸어 나와 바다를 향해 섰다. 영생의 문은 이곳에서 비롯되는가. 죽음의 순간이 아니었으면 생명의 소중함을 어찌 알았으랴. 그래서인지 탑 앞에서 손 모으는 이의 기원이 유난히 간절해 보인다. 제아무리 석탑이라 하나 화마를 온전히 피하지 못해 표면이 균열되는 등 상당한 훼손을 입었다.

양양 진전사지 삼층석탑

석탑도 요염한 맵시 뽐낼 때가 있다
밤이면 비단 자락 날리며 하늘 오르다
낮이면 짐짓 모른 척 침묵으로 서 있다

팔부신중 구름에 앉아 세상 굽어보고
천인상天人像 기단을 나와 은하에 닿아라
서라벌 천년의 노래가 이곳까지 들려온다

진전사지는 수평선 멀리 동해 바다 향해 있다. 낙산사 들러 이곳으로 오는 길은 자연이 좋아 전혀 지루하지 않다. 설악이 뻗어오다 끝나는 지점에서 만난 진전사지는 고즈넉하기만 하다. 1960년대 이전까지 절 이름이 둔전사로 알려져 왔는데 도의선사가 이 절에 주석했다는 사실이 최근에야 밝혀졌다.

요염을 뽐내는 삼층석탑은 여러 부조 형상들이 눈길을 끈다. 가히 국보로 지정된 이유를 알겠다. 천의天衣 휘날리며 연화좌 위에 앉은 비천들이 다양한 모습을 하고 있지만 풍상에 마모돼 그 특징을 알아보기가 쉽지 않다. 하지만 조각이 섬세하고 미려하여 석공의 뛰어난 예술적 재능을 엿볼수 있다. 전체적으로 균형 잡혀 있으면서 지붕돌의 네 귀퉁이가 치켜 올려진 것이 경쾌한 아름다움을 더한다.

원주 거돈사지 삼층석탑

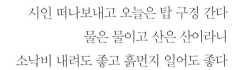

시인 떠나보내고 오늘은 탑 구경 간다
물은 물이고 산은 산이라니
소낙비 내려도 좋고 흙먼지 일어도 좋다

시인이 있었고 시 한 편이 있었다
버려진 이 누구이며 사라진 이 누구인가
옛 절집 흔적 없어도 탑 하나면 족한 것을

누군가는 떠나고 누군가는 남는다. 하긴 남는다고 영원하랴. 아무리 기원이 간절한들 어찌 세월을 이길 것인가. 우리 사랑했던 한 사람을 보내고 사라진 절을 찾아 먼 길 떠난다. 강이 있는 곳에 마을이 있고, 마을 있는 곳에 절이 있었다. 남한강 유역 폐사지를 오롯이 지키는 거돈사지 삼층석탑. 곳곳에 층층이 쌓은 석축의 흔적만으로도 지난날 웅장했던 절의 크기와 공력을 짐작케 한다. 석탑 앞에 부서진 채 놓인 배례석엔 연꽃 모양이 선명하다. 다 사라진 가람에 비해 탑은 의연하다. 흙을 둔덕지게 쌓아 단을 만들어 세웠으니 폐허 속에서도 자태가 늠름히 드러난다. 탑신 자체에 별다른 장식이 없어 밋밋해 보이나 오히려 그런 고졸함이 더 가슴에 와닿는다. 연지 곤지를 찍지 않았다고 미인을 알아보지 못할 것인가. 사람을 잃고 탑을 얻었으니 크게 슬퍼할 일은 아니다. 버려진 이를 버려두고 담담히 돌아올 수 있어 좋았다.

원주 흥법사지 삼층석탑


탑이 있는 곳에 절이 있었다

이윽고 산그림자 인적 지우고 나면

오롯한 석탑 하나로

적멸의 밤을 건넌다

우리나라의 옛 탑 대부분은 사라진 절터에 있다. 원주시 지정면 안창리에 있는 흥법사지 삼층석탑 역시 예전의 절터를 지키고 있다. 그나마 혼자가 아니라 받침돌과 머릿돌만 남은 진공대사탑비와 함께 있어 덜 외로운 것이 다행이다. 주변은 경작지로 변했으니 이 탑이 없었다면 나그네는 여기가 절터였음을 알지도 못하고 지나쳤으리라. 전란은 모든 것을 소멸케 한다. 사람을 죽이고, 문화유산을 없애고, 지난 연대를 확인할 증거들마저 멸실케 한다. 영봉산 아래 태조 왕건이 직접 비문을 지어 진공대사탑비를 세운 것을 보면 진공대사의 법력이 높았으며, 흥법사 또한 매우 중요한 사찰이었음을 짐작할 수 있다.

인제 봉정암 오층석탑

허위허위 설악 하고도 소청봉 올랐으니
암자만 보지 말고 석탑도 보고 가자
구름은 태산을 품고
산은 세상 품었는데

옛일 다 잊었다 하나 왕조마저 잊었으랴
거룩한 부처님 진신사리 모신 곳에
풍진에 마모된 역사
고려 숨결 깃들다

허위허위 소청봉 아래 해발 1,244m 봉정암 오른다. 643년(선덕여왕 12), 자장법사가 당나라에서 석가모니 진신사리 모셔와 이곳에 탑을 세우고 사리를 봉안한 '적멸보궁'이다 보니 많은 이들의 기도처로 유명하다. 탑은 암석의 정상을 다듬어 모난 2단의 높고 낮은 탑신 받침을 조성하고, 받침 밖으로 16판의 단판연화문單瓣蓮花文을 돌려 새겼다. 다행히도 결손된 부분 없이 완전한 형태이며, 굽이굽이 설악산 능선과 어울린 모양이 신비감을 자아낸다.

철원 도피안사 삼층석탑

피안에 들고 싶다면

화개산 도피안사 가자

깨달음의 언덕을 언제쯤 올라보나

열반은 가까이 있다

"귀를 열어라" 탑은 말한다

번뇌와 고통 없는 경지에 이르고 싶은가. 그런 이상적인 경지가 꿈처럼 요원하다면 남한 최북단, 철원 도피안사 가자. 한국전쟁 이후 군에서 재건했다는 이 사찰의 〈사적기事蹟記〉엔 재미있는 사연이 전해진다. 철조비로자나불좌상을 조성하여 철원에 있는 안양사에 봉안하기 위해 암소 등에 싣고 운반하던 도중, 불상이 없어져 찾아보니 현재의 도피안사 자리에 앉아 있어 신라 경문왕 5년(865)에 도선국사가 그 자리에 절을 세우고 불상을 모셨다고 한다.

삼층석탑은 치열한 격전지에 있었던 데 비해 비교적 양호한 모습이다. 상륜부와 3층 지붕돌 일부만 손상되었을 뿐 전체적으로 원형을 유지하고 있어 다행한 일이다.

平昌 月精寺 八角九層石塔

물굽이 굽이돌아, 빈 하늘 굽이돌아
돌에 핀 연꽃이거나 탑에 걸린 구름이거나
오대산 월정사라면 예사로운 것이 없다

어느 가을 불현듯 절집을 찾아들어
적광전 뜰 앞에 선 그대 고려 여인이여
그 자태, 이목구비에 성근 눈발이 멎는다

11월, 서리처럼 이른 눈이 내렸다. 꽃은 남에서 시작하여 북상하고, 단풍은 북에서 시작하여 남으로 온다. 자연의 이치야 이렇듯 공평해 보이지만 꼭 그렇지만도 않다. 남도에선 눈 구경 한번 못하고 봄을 맞는 때도 있으니까. 이런 곳에 사는 내게 가을날의 눈은 당황스럽다. 준비 없는 이별이 그러하듯 준비 없는 만남도 황망하긴 매한가지.

친구여! 떠나보낸 여인을 잊고 싶거든, 그 향기 그 눈빛을 잊고 싶거든, 오대산 자락에 숨은 월정사 찾아가라. 사랑은 사랑으로 달래는 게 최선의 묘약이다. 월정사 팔각구층석탑은 누구와도 비견하기 어려운 미인 형상이다. 화려한 고려 불교미술의 최절정을 상징하는 탑이란 말이 과장이 아니다. 상륜부의 머리장식이며 청동으로 만든 풍경, 금동으로 만든 장식이 눈을 뗄 수 없을 만큼 아름답다.

홍천 괘석리 사사자 삼층석탑


사자도 절간에 오면 할 일이 있나 보다
소신공양 좋다지만 몸 공양도 거룩하다
짊어진
말씀이 서 말 닷 되
하늘이 다 노랗다


두촌면 괘석리를 몸 하나로 옮겨와
읍사무소에 세웠으니 청사가 곧 절이다
부처님
경전 펼쳤으니
미륵세상은 곧 온다

이 석탑은 원래 두촌면 괘석리에 있었다고 한다. 그곳을 먼저 찾아보니 주변은 경작지로 변해 있고, 기와 조각들이 흩어져 있는 것 외에 별다른 흔적이 없다. 석탑이 선 곳은 홍천읍사무소 앞마당이다. 다른 시선으로 보면 이 석탑은 중생과 가장 가까운 곳에 있다. 굳이 을씨년스럽다고 말할 필요는 없다. 석탑 선 곳이 종일 경적 소리 들리는 곳인데, 이 또한 범종 소리로 고쳐 들으면 되지 않을까. 부분적으로 파손과 마멸의 흔적이 있으나 4좌의 석사자 모습이 그런대로 형태를 갖춘 것만 해도 다행한 일이다. 네 마리 사자는 투박한 연꽃을 새긴 기단 위에 앞다리를 세운 채 다소곳이 앉았는데, 위엄보다는 소박하고 질박한 아름다움이 있다. 고려 초기 탑으로 추정한다.

# 2부

# 경북

어찌 홀로 섰느냐고
묻지 마시라

경주 감은사지 동·서삼층석탑

깨어라 깨어나라며 봄비 낮게 내린다
천년의 침묵 속에서 속잎 트는 꼭두서니
연둣빛 여린 조금 물결 피리 소리로 스민다

댓잎이 댓잎을 쳐 바람을 일으키고
물결이 물결을 쳐 산조의 현을 고른다
짐승들 노니는 소리, 바위에 금 가는 소리

산 자와 돌이 된 자, 짐승과 꽃잎의 밤
누가 잠든 용신을 불러와 희롱하는가
황동빛 태몽을 꾸며 바다를 잉태한다

이마로 목덜미로 혼령으로 산맥으로
가쁜 숨을 불러와 은비늘 적시는 시간
노래는 해동육룡의 어깨춤을 부른다

감은사 앞 감포 바다엔 문무대왕의 수중릉인 대왕암이 있다. 백성이 곧 하늘이니 대왕은 그 백성의 안위를 위해 나라의 용신龍神이 되기로 하고, 화장 후 동해에 안장되었다고 한다. 신문왕은 부왕의 높은 뜻을 받들어 절을 지어 감은사라 했다고 《삼국유사》엔 전한다. 감은사지 동·서삼층석탑은 목탑의 구조를 단순화해 석탑 양식의 시원을 마련한 동·서 쌍탑이다. 가장 큰 특징은 각 부분들이 하나의 돌로 이루어진 것이 아니라 여러 개의 석재로 조립되었는데, 이것이 애초에 목탑 구조를 닮은 석탑의 전형이 되었다 한다. 경주에 있는 삼층석탑으로는 가장 거대한 규모이며, 동해를 굽어보는 둔덕에 굳건히 선 모습에서 문무대왕의 기개가 느껴진다.

경주 나원리 오층석탑


강 건너 외따로이 소박데기 신세처럼

어찌 홀로 섰느냐고 제발 묻지 마시라

대답은 한결같으니, "그냥"이란 한마디뿐

경주 남산은 그대로 거대한 박물관이다. 서로가 서로의 어깨를 감싸며 신라를 말해준다. 하지만 나원리 오층석탑은 형산강 건너 외따로이 서 있다. 외로운 듯도 하고 아닌 듯도 하다. 절터의 가람 배치도 짐작하기 어렵다. 다가가면서 보니 석가탑을 닮았다. 통일신라 때의 원형을 잘 간직하고 있다. 각 부의 비례가 매우 안정적이고, 무기교의 순백한 기품이 드러난다. 별다른 장식이 없어 조금은 무미건조해 보이지만, 그 굳건함과 묵묵함이 차라리 달관의 경지인 양 초연하다. "너희가 나를 버린 것이 아니라 내가 너희를 버린 것이다."라는 자존감도 보인다. 하지만 그 또한 나의 선부른 생각이다. 돌아오는 길에서 본 탑은 무념무상, "그냥"이란 한마디로 빙긋 웃을 뿐이다. 이끼가 끼지 않는 것으로 유명하며 '나원백탑'이란 별호를 갖고 있다.

경주 남산 용장사곡 삼층석탑

산이 다 절이고 푸나무가 부처인데

골골마다 웬 절인가 탑 하나면 족한 것을

보아라, 침묵으로 법문하는 경주 남산을 보아라

용장사는 매월당 김시습이 《금오신화》를 쓴 곳이라 한다. 우뚝한 남산 바위를 기단으로 했으니 산이 탑을 받친 것인지, 탑의 뿌리가 산을 이룬 것인지 그 위용이 대단하다. 한동안 서 있다 보니 차라리 절 없는 것이 다행이란 생각이 든다. 둘러보면 멀고 가까운 산들이 가람이 된 듯하고, 풀과 나무들이 나한처럼 그윽하다. 굳이 풍경 울고 목탁 소리 들려야 절인가. 이 탑 앞에 서면 바람과 새소리가 곧 법문이다. 탑은 몸돌 하나에 지붕돌 하나씩을 올려 쌓았는데, 지붕돌과 몸돌이 각기 다른 석재다. 비록 윗부분이 소실되었지만 하늘에 맞닿은 조화가 신령스럽다. 바위 위에 세운 탑으로는 지리산 법계사 삼층석탑과 설악산 봉정암 오층석탑이 대표적인데, 그중에서도 자연과 잘 어울린 이 탑이 최고의 수작이라 여겨진다.

경주 분황사 모전석탑

은하를 달려온 빛은 어디에서 깃드나
성스러운 빛의 부화, 기원祈願이 시작되었으니
서라벌 신화의 성은 그렇게 축조되었다

일찍이 우리는 갈망의 길을 떠났고
거대한 성벽 아래서 열쇠를 소망했다
누구라 묵중히 닫힌 신화의 문을 열까

묻지 마라 지상의 일이 무에 그리 궁금하랴
일몰이 오기 전 끝낸 일은 어디에도 없다
경주엔 석탑으로 쓴 여백의 역사가 있다

원효와 자장을 만나고 싶다면 분황사에 가면 된다. 우리나라의 크고 작은 절들은 거의 다 원효, 자장, 의상 스님 등이 창건했거나 수도했다 하니, 그분들 그 거리 오간 생애가 몇백 년이 돼도 모자랄 것이다. 하지만 분황사는 실제 원효, 자장과 깊은 연을 맺은 절이다. 643년에 자장이 당나라에서 대장경 일부와 불교 물품을 가지고 귀국하자 선덕여왕이 그를 분황사에 머무르게 하였고, 원효는 이 절에 머물면서 《화엄경소》 등의 저술을 남겼다고 한다.

분황사 탑은 현존하는 신라 석탑 중 가장 오래된 것으로 돌을 벽돌처럼 잘라 쌓은 모전석탑模塼石塔이다. 원래 9층이었다는 기록으로 보아 매우 크고 기념비적인 건축물이었으리라 짐작된다. 소실된 나머지 6층은 안타깝지만 그 또한 어쩌랴! 복원되지 못한 부분은 지난 역사와 함께 여백으로 남아 있다.

경주 불국사 다보탑

처용 탄식하며 울고 간 밤에도
탑은 이 자태로 무념무상에 들었다
역사는
바람 잘 날 없이
그렇게 흘러왔다

서라벌 여행 온 아이들의 왁자지껄
두어라 제어 마라 얼마나 아름다운가
부처님
시방 오셨다고
다보여래 설법 중

불국사는 언제쯤 고요해질까. 관광객들과 수학여행 온 아이들이 왁자지껄 소란하다. 산사의 고요와는 거리가 멀다. 하지만 다보여래는 늘 빙그레 웃고 있다. 신라 때부터 고려, 조선 거쳐 오늘에 이르기까지 바람 잘 날 없었지만, "그게 바로 사람 사는 일이라네." 하며 옷깃 여민다.

불국사는 한때 폐사되었지만 다보탑은 온전하여 원형을 잘 유지하고 있다. 하지만 세밀히 살펴보면 상륜부에 보주寶珠가 없는 등 유실된 것이 더러 있다. 원래는 네 마리 사자상이 있었는데 현재는 하나뿐이다. 없어진 사자상 중 하나는 런던 대영박물관에 있으며, 나머지 둘은 행적을 알 수 없다. 그래도 다보여래는 웃으며 기다린다. 수행자에게만 부처님이 오시지는 않는다. 저잣거리에서 웃음을 파는 이에게도, 돌을 깎는 석수장이에게도 부처님 세상은 공평하게 펼쳐진다.

경주 장항리 서오층석탑

신라를 갖고 싶다면
역사도 갖고 가라

부장품이 탐난다면
정신마저 앗아 가라

동탑의
잔해 구를 때
서탑은 울지 않았다

장항리 석탑은 토함산이 굽이치다 한 호흡 가다듬는 능선 끝자락에 서 있다. 절 이름과 연혁에 대해 자료나 구전이 없어 마을 이름인 '장항리'를 따서 '장항리사지'라 부르고 있다. 탑 구경 다니다 보면 애잔한 심지 돋을 때가 한두 번 아니다. 이 탑도 그중 하나다. 법당 터를 중심으로 동서에 동탑과 서탑이 나란한데, 서탑은 그런대로 제 형상을 갖추었기에 국보로 지정되었으나 동탑은 원형과는 전혀 다른 모습을 하고 있다. 계곡에 아무렇게나 뒹굴던 1층 몸돌을 가져와 5개의 지붕돌을 겨우 모아 세워두었기 때문이다.

서탑을 자세히 보면 정교한 장인의 손놀림이 상상된다. 어떤 연유, 어떤 간절함이 있었기에 이렇듯 정교한 숨결을 불어넣었을까. 1층 몸돌에 새긴 도깨비 형태의 쇠고리로 장식된 문과 연꽃 모양 대좌 위에 선 인왕상의 정교함이 가히 걸작이라 할 만하다. 이런 서탑의 아름다움을 보면 원형을 잃어버린 동탑이 더욱 안쓰럽다.

경주 정혜사지 십삼층석탑

이승에서 인연 하나 만나지 못했다면
지상에 와 흔적 하나 남기지 못했다면
서라벌 별밭에 숨은 미인도美人圖 보러 가자

도덕산 해 기운다고 발길 재촉 마라
왕조 저문다고 눈물 보이지 마라
보아라 허리 곧추세우고 이승의 강을 건너는

경주 옥산서원 지나 도덕산과 자옥산 자락, 정혜사지 십삼층석탑은 거기 서 있었다. 어떤 담장도, 제어할 누구도 없는 산녘, 미인은 원래 외로운 팔자인가. 단풍 드는 가을 정경이 이리 아름다운데 전혀 밀리지 않는 탑의 미려함이라니. 맑은 날 찾아간 십삼층석탑은 신라의 하늘을 이고 있었다. 이끼 낀 세월 속에서도 젊은 날의 자태가 고스란히 드러난다. 고개 숙일 일도, 타협할 이유도 없다. 그저 과거에서 미래로 가는 여정이 당당할 뿐이다. 정혜사지 일대 경작지에는 부서진 기왓장만 어지럽다. 멀리서 볼 땐 그리 크지 않아 보이지만 가까이 가면 한참을 올려다봐야 한다. 층수도 예사롭지 않거니와 기단부와 초층 몸돌의 양식, 몸돌과 지붕돌을 하나의 돌로 조성한 것 등 통일신라의 독특한 양식을 보인다. 각 부의 양식은 물론 조성 수법에서도 오직 하나밖에 없는 특이한 사례라 하니 경주에 가면 반드시 봐야 할 탑이다.

구미 낙산리 삼층석탑

누가 신라를 보았다 하는가
예리한 정으로 연꽃 조각하는
석공의
허허로움을
느꼈다 하는가

기단을 스치는 바람은 예각으로 분다
차라리 인연 끊고 빈손으로 돌아가자
그 흔한
막새 조각 하나도
연緣 닿지 못했으니

구미 낙산리 삼층석탑은 낙산1리 마을과 조금 떨어진 밭 가운데에 서 있다. 마을을 감싼 산자락에서 진눈깨비가 사선으로 몰려와 나는 어깨를 좁히고 걸어갔으나 탑은 늠름히 자태를 드러내고 있었다. 당시의 건축 기술로 보면 상당히 웅장해 보이고, 문양 또한 정교한 아름다움을 자아낸다. 주변 경작지에서 토기 파편과 연꽃 문양이 새겨진 막새기와들이 발견되었다고 한다. 전형적인 통일신라 때의 탑 모양을 하고 있으며, 비교적 온전한 형태를 갖추고 있으나 꼭대기의 머리장식은 없고 머리장식을 받친 노반만 남아 있다. 혹시나 하여 주변을 살펴보았지만 막새 조각이나 토기 파편 하나 눈에 띄지 않는다. 차라리 빈손으로 돌아온 것이 더 오래 기억될 수도 있으리라.

구미 죽장리 오층석탑

눈 내린 날 절집은 이리 고요하다
흩날리는 눈발에 독경 소리 그치고
멀리서 장부를 닮은
탑이 하나 걸어온다

장터에서 해장술 서너 잔 걸쳤는지
옥개석에 쌓인 눈을 훌훌 털어내더니
눈 속에 발을 파묻고
이내 탑이 되었다

눈 오는 날엔 석탑도 술 한잔 생각나지 않을까. 스님 몰래 절집 나와 읍내 장터에서 뜨끈한 국물에 막걸리 몇 사발, 시쿰한 총각김치 씹으며 쓰윽 입을 닦는다. 그러곤 다시 돌아와 언제 그랬냐는 듯 눈 쌓인 절 마당에서 수행자의 모습으로 돌아가는 상상. 죽장리 오층석탑은 이런 사내를 닮았다. 키 크고 훤칠한데 약간은 치기 어린 모습의 탑신이 그런 상상을 불러일으켰다. 내 마음이 꼭 그래서인지 퍼뜩 절 구경 끝내고 뜨끈한 국물에 낮술 한잔 걸쳤다.

달성 대견사지 삼층석탑

대숲은 씻어라
귀마저 씻어라 하고

바윗돌은 잊어라
깡그리 잊으라는데

절벽 위
석탑은 그저
쉬어 가라 손짓하네

듣고 싶지 않은 말 들은 날, 대견사지 찾아간다. 대숲에 들어 귀를 씻고 싶다. 돌로 손등을 찧어 그 아픔으로 잊고 싶다. 하지만 삶이 그리 말처럼 쉬운가. 차라리 나를 닫고, 세속과 절연하는 심정으로 길 떠난다. 내 속마음이야 끓든 말든 탑은 언제나처럼 말이 없을 테니. 그 풍경 속에서 조금씩 모가 깎여가는 나를 발견하길 기대할 뿐.

석탑이 선 곳은 해발 1,000m 비슬산 정상 부근 절벽 위. 그러므로 보는 각도에 따라 하늘과 맞닿은 탑이라 해도 과언 아니다. 산 정상 암반에 건립되어 넓은 시계를 확보하고 있는데, 가끔 새들이 탑을 비껴 나는 장면도 볼 수 있다. 탑에 집중하려면 가급적 진달래와 철쭉, 억새가 장관을 이룰 때는 피하는 게 좋다. 봄가을이면 등산객으로 넘쳐나기 때문이다. 대견사는 《삼국유사》를 쓴 일연 스님이 주지로 있었다 하여 더욱 유명하다. 명산에 절을 세우면 국운이 흥한다는 비보裨補 사상에 따라 건립된 예라고 한다.

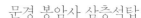

문경 봉암사 삼층석탑

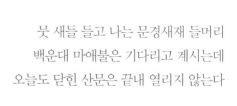

뭇 새들 들고 나는 문경새재 들머리
백운대 마애불은 기다리고 계시는데
오늘도 닫힌 산문은 끝내 열리지 않는다

걸어서 못 간다면 낙엽으로나 불려 가지
그곳이 미타찰彌陀刹로 이어지는 길이라면
고요히 먼지가 되어 바람에나 실려 가지

봉암사는 일반인에게는 1년에 단 하루, 석가탄신일에만 산문 출입이 허락된다. 1982년부터 대한 불교조계종 특별수도원으로 지정되었기 때문이다. 어쩌면 절 한 곳쯤은 굳건히 닫혀 있어도 좋지 않을까. 절이 꼭 관광지일 필요는 없다. 수도를 위한 도량이라면 세속 사람들이 찾아가지 않은들 어떠랴. 하지만 석탑을 보려면 봉암사 산문을 거치지 않으면 안 된다. 일반인 차량의 출입이 통제되는 오솔길은 향기로운 숲 내음으로 가득하다. 맑은 계곡물 소리는 덤이다. 석탑은 대웅보전 앞 석축 아래 마당에 서 있다. 상륜부가 완전한 모습을 갖춰 오늘날 남아 있는 석탑 가운데 매우 드물고 귀한 사례로 알려져 있다.

성주 법수사지 삼층석탑


는개비에 마음 젖고 진눈깨비에 옷 젖어도
울지 마라 저만치 눈먼 세월이 간다
석탑은 보고도 못 본 척 바보가 되라 일러준다

울지 마라 떠났다고 아주 떠난 것이더냐
품었다고 언제까지 내 것이다 우길 건가
절간은 자취 없으나 그 바람비 여전하다

가야산국립공원은 경남 합천군과 거창군, 경북 성주군에 걸쳐 경상남북도의 경계를 이루는 영산
이다. 주봉인 상왕봉과 그 주변 두리봉, 깃대봉, 단지봉 등 해발 1,000m 이상의 봉우리들이 둘러
서 있다. 그런 만큼 불교의 대명지大名地로 이름난 곳이다. 법수사는 이미 폐사되었고, 해인사가
워낙 유명한 탓에 이 절터는 물론 탑을 보러 오는 이도 거의 없다. 가람의 흔적은 거의 남아 있지
않지만 산을 배경으로 쌓아 올린 석축을 보면 한때 1,000칸이 넘는 건물에 100여 암자를 거느린,
신라 애장왕이 심혈을 기울여 지은 큰 사찰이었음을 짐작해볼 수 있다. 석탑은 무기교의 기교를
보는 듯 고졸한 기품이 돋보인다. 는개비 오는 날 시나브로 옷은 젖어도 상처 입은 마음 달래고
싶다면 이곳을 찾아보라.

안동 법흥사지 칠층전탑


더 높이 오르다 보면 하늘에 가까워질까
하늘의 소리 들으면 기원은 이뤄질까

오가는 기적 소리가
천년의 고요를 깬다

발목 땅에 묻고 그 세월 버텼으니
뿌리는 지층 뚫고 멀리 뻗어 내렸으리

안동 땅 휘돌아가는
낙강 나루 어디쯤

늠름히 높이 솟은 7층 탑신에 비해 공간 배치는 협소하고 불안하다. 선 채로 탑 구경하려니 어깨가 좁아 보인다. 사진 찍기도 영 마땅치 않다. 정확한지는 모르지만 왜인들이 독립의 기를 끊고자 탑 옆으로 철로를 깔았다고 한다. 그래서 더 그러한지 갑갑하기 그지없다. 하지만 이 또한 운명임을 어쩌랴. 날개가 없으니 뿌리라도 뻗을밖에. 천년을 한곳에 서 있다 보면 분명 뿌리는 먼 곳까지 뻗어 있을 것이다. 낙동강 어느 한적한 나루에까지.

영주 부석사 삼층석탑

부석사 무량수전은 고려를 설법하고

소백산 안개는 석탑을 감싼다

열반한

큰스님 얼굴

보였다 사라진다

문득 산에 기대고 강에 묻고 싶은 날이 있다. 그래, 오늘은 영주로 가자. 태백산맥에서 갈라진 소백 준령이 감싸고, 낙동강 칠백리가 시작되는 시원始原이기에 더욱 좋다. 또 하나의 기쁨이라면 소백에 깃들어 앉은 고찰 부석사가 있으니, 나를 위무하기엔 이보다 더 좋은 선택이 있을까. 부석사는 신라 문무왕 16년(676)에 의상대사가 창건한 절이다. 무량수전의 아름다움이야 굳이 이 글에서 말할 필요는 없다. 처마며 기둥, 문창살 하나에도 천년 숨결이 깃들어 있다.

부석사 삼층석탑은 무량수전 동편 높은 곳에 자리했다. 2단 기단 위에 3층 탑신으로 이뤄진 전형적인 통일신라 양식이다. 부석사 창건 당시 세워진 것으로 아래층 기단이 넓고, 1층 몸돌 또한 높이에 비해 넓어서 장중해 보이는 것이 특징이다.

영양 산해리 오층모전석탑

나는 왜 이곳에 홀로 서 있었던가
누구와 더불어 이 터를 지켰던가
아무도 명하지 않았지만 운명 앞에 순응한다

새는 새의 길을, 바람은 바람의 길을
강물은 강물의 길을, 노래는 노래의 길을
더하고 뺄 것도 없이 길 위의 길을 떠난다

버려진 이름은 버려져서 기쁘고
잊혀진 이름은 잊혀져서 기쁘다
가없는 세월 속에서 무심이라 더 좋아라

영양읍에서 안동으로 가는 31번 지방도. 길은 안개에 휩싸여 있다. 폐사지 주변을 휘돌아 흐르는 반변천과 일대를 에워싼 산의 조화가 한눈에도 이곳이 길지임을 말해준다. 영양은 경주에서 한참 떨어진 곳이다. 너는 왜 이곳에 홀로 서 있나? 너와 함께 있던 가람들은 다 어디로 갔나? 그 의문은 아직도 풀리지 않고 그저 우뚝한 석탑만이 통일신라를 말할 뿐이다.

탑이 약간 붉은빛을 띠는 까닭은 이암 계통의 붉은 석재를 사용했기 때문이란다. 다른 모전석탑은 벽돌만 하게 깎은 돌을 사용했는데, 이 탑은 큼직하게 다듬은 돌을 쌓아 올린 것이 특징이다. 1989년 해체 수리 때 감춰진 여러 형태를 알 수 있었다고 한다. 모전석들은 외부로 노출된 부분만 다듬어져 있었고 탑 내부 보이지 않는 부분은 가공하지 않은 채였다. 이렇게 불규칙한 돌들이 흙과 함께 다져져 내구성을 지닐 수 있었다.

의성 관덕리 삼층석탑

탑 지키던 네 마리 사자는 어디로 갔나

상실의 빈자리를 무엇으로 채울까

버려라

돌아올 기약 없는

기다림이 번뇌다

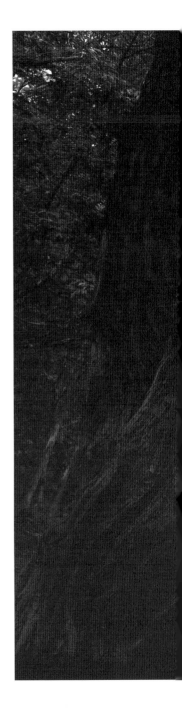

아프다, 우리 역사여. 많은 국보와 보물이 그렇지만 이 역시 비운의 탑이다. 관덕리 삼층석탑 상층 기단의 네 귀퉁이엔 암수 두 마리씩 돌사자 네 마리가 있었다가 사라졌다. 그런데 어찌 이 사진 속엔 원형으로 건재하는가? 기실 이 탑에 앉은 사자상은 모조품이다. 잘생긴 두 마리는 도난당하고 조금 훼손된 두 마리는 국립대구박물관에 보존되어 있다. 1934년 《건축잡지》 2월호에 그 원형 사진이 실려 있는데 안타깝게도 현재는 이런 신세가 되고 말았다.

의성 탑리리 오층석탑

마을보다 탑이 먼저 있었는지도 모른다
덜 자란 두 그루 소나무를 굽어보는
의젓한 탑신의 무게
하늘이 낮게 드리웠다

추사의 세한도보다 석탑은 더 오래
풍장의 겨울을 온몸으로 견뎌왔다
어느새
눈발 그쳤지만
새들은 가고 없다

절묘하다. 사진작가의 렌즈는 추사의 세한도를 그대로 찍어낸다. 우리가 찾은 날, 눈발은 그쳤으나 바람에 쌓인 눈이 이따금씩 날리고 있었다. 진입로는 잘 닦여 있고 화장실도 잘 갖춰져 있다. '탑리리'라는 이름을 보면 어쩌면 마을보다 먼저 탑이 있었는지도 모른다. 작은 언덕 위에 오롯이 선 탑은 연륜에 비해 보존 상태가 좋다. 석탑이지만 목조 건축 양식을 띠고 있는데, 단층의 지붕 돌 귀퉁이가 살짝 들린 것이 그러한 특징을 잘 나타내준다.

칠곡 송림사 오층전탑

철갑도 진토 된 세월이 흘렀으나
그대여 오롯하다 금동의 상륜부
투구에 일장검으로
지맥을 짚고 섰다

장부의 기개 닮은 풍모 의젓하고
석공의 섬세한 눈썰미 살아 있는
휘도는 스란치마의
결도 숨겨두었다

통일신라 때 세운 것으로 이렇게 전탑의 원형을 간직한 탑은 드물다. 특히 금속제 상륜부의 구성이 오롯이 남아 있는 경우는 거의 찾아보기 어렵다고 한다. 탑신의 체감률이 매우 적절하여 안정감을 주고, 내부에서 발견된 사리장엄구에선 당대 공예기술의 미려함을 엿볼 수 있었다고 한다. 늠름한 남성성과 함께 섬세한 여성성까지 동시에 갖춘 보기 드문 작품이다.

# 3부

# 경남

선 채로 천년을 살면
무엇이 보일까

밀양 만어사 삼층석탑

바다로 가지 못한 고기 떼의 주검들
산이 부서지고 하늘이 기우는 날
통곡의 빛줄기 따라
나는 돌아가리니

기원이 간절하면 전설도 깨어날까
만어사 석탑은 오늘도 기다린다
아득히 밀려들어 올
남해 포말泡沫의 아우성

만어사는 절보다 너덜경이 더 유명하다. '만어萬魚'라는 이름대로 크고 작은 수많은 검은 너덜지대가 장관을 이루고 있다. 그 너덜경 위에 작은 암자가 들어섰고, 지금은 차들이 편리하게 다니게 길이 좋아졌다. 이 바위들은 흡사 바닷물을 따라 들어온 물고기들이 돌아가지 못하고 누운 형상을 하고 있다. 그래서 언젠가 바닷물이 들어오면 고향으로 떠나려는 몸짓을 하고 있다는 전설이 전해진다. 삼층석탑은 그런 염원을 안으로 삭이는 듯 고요히 절 마당에 서 있다. 안정감과 절제미가 돋보이는 고려시대 탑이다.

밀양 표충사 삼층석탑

사명대사 이름을 딴 절이면 되었지
석탑 하나 선 자리가 뭐 그리 중할까

이 몸은
요사채 지키는
문지기면 족하다네

낙엽 지는 날 표충사 간다. 기실은 억새 보러 재약산 간 김에 절에 들른 것이다. 산에서 내려와 표충사 약샘에서 목을 축인 후 경내를 돌아본다. 표충사 삼층석탑은 좀 특이한 곳에 서 있다. 대웅전 앞마당이 아니고 출입문 안쪽 요사채가 있는 공간에 석등과 함께 자리하고 있다. 조선 후기 사명대사를 모신 사당인 표충사表忠祠를 이곳으로 옮기면서 가람 배치가 크게 바뀔 때 같이 옮겨진 것으로 추정된다. 특별한 생각 없이 대충 세워둔 것이라 짐작되지만 정작 탑은 의연히 서 있다. 통일신라 후기에 건립된 것치곤 상태가 양호하고 조각미도 흐트러짐 없다.

산청 단속사지 동·서삼층석탑

단속사 정당매政堂梅
진다고 슬퍼 마라
두류산 설한에도
지지 않는 꽃이 있어
부처님
손바닥에 핀
석부용石芙蓉을 보아라

점촌댁 제사가
달포 앞으로 다가오고
지실댁 영감이
오늘낼 한다는데
석탑은
알고도 모른 척
봄 햇살과 논다

단성면 운리 탑동에 있는 이 동·서 석탑은 마을 집들과 함께 서 있다. 키가 그리 크지 않지만 낮은 돌담 너머 마당과 축담을 넘보기도 한다. 그러므로 뉘 집 숟가락이 몇 개인지, 천식 앓는 아무개 아비가 죽을 날이 얼마 남지 않은 것도 다 안다. 그도 그럴 것이 마을 사람들의 할아버지, 그 할아버지의 할아버지 하고도 훨씬 윗대 어른들의 깍듯한 인사를 받으며 살아왔기 때문이다. 이 탑 북서쪽에 정당문학政堂文學 겸 대사헌 벼슬을 한 강회백이 젊은 날 공부할 때 심은 매화가 있는데, 지금은 그 벼슬 이름을 딴 정당매 마을로 더 유명하다. 그래서 매화 보러 오는 발길이 심심찮다. 단속사지 석탑 입장에서 보면 좀 억울할 수도 있다. 나이로 보나 그 의미로 보나 보물 쌍탑이 어찌 매화 한 그루만 못할 것인가. 마당은 부처님 손바닥이고, 탑은 부용꽃처럼 아름답다. 햇살 좋은 봄날, 그래도 탑은 모른 척 해바라기하고 섰다.

산청 대원사 다층석탑

탑이 높은 것은 하늘이 높은 탓이고
꽃이 붉은 것은 사랑이 아픈 탓이다
산에서 산을 보지 못하여 나는 울고 말았다

천 개의 봉우리와 만 개의 계곡이
구름을 만들고 바람을 부르는 시각
대원사 범종 소리가 내 눈물 닦아주었다

대원사는 산 첩첩 물 철철 지리산 자락에 꼭꼭 숨어 있다. 비구니 스님들 수행하는 절이라 고요하고 정갈하다. 동안거철에는 방문객들의 출입이 금지되기에 특별한 일이 아니면 절 구경하기도 쉽지 않다. 저만치 사리전 앞에 선 석탑이 말을 건넨다. "먼 길 오시느라 수고했네예. 목이라도 축이시지예." 하며 물바가지를 건네는 여인 같다. '봄볕엔 며느리, 가을볕엔 딸'이라 했으니 붉게 그을린 모습으로 손님 맞는 인상이 어느 집 며느리를 연상케 한다. 수줍게 붉은빛을 띠는 이유는 철분이 많은 돌이라 그렇단다. 이 탑에서 가장 주목되는 부분은 기단 위층이다. 모서리에 인물상을 조각하고 4면에 사천왕상을 뚜렷이 부조하여 조형미를 살렸다. 다층석탑이라 등재되어 있지만 실은 8층이다.

산청 범학리 삼층석탑

산청 둔철산 돌고 또 돌아봐도
자취 고사하고 들은 적도 없다 하네
제 발로 걸어 나갔나 바람결에 사라졌나

서러운 역사는 비운의 탑을 낳았으니
일제 어느 때엔 달구벌로 옮겨지고
이듬해 서울로 떠나 수장고에서 스물세 해

이토록 기구한 운명이 또 있을까
두어 평 세간 얻어 앉은 곳이 국립진주박물관
떠돌고 떠돈 세월이 77년이 되었다

그렇다. 이 탑은 비운의 탑이다. 탑 사진 찍기 위해 산청 범학리 경호강 내려다보이는 둔철산 자락 찾았으나 아는 이 하나 없다. 기구한 운명은 일제강점기 때로 거슬러 올라간다. 1941년 한 일본인이 매입하면서 산청을 떠났고, 대구의 제면공장 공터로 옮겨진 후 조선총독부 박물관의 유물 실태조사 과정에서 확인돼 이듬해 서울로 옮겨졌다. 해방 이후 미군 공병대가 1946년 5월 경복궁 안에 세웠으나 1994년 경복궁 정비사업으로 다시 해체돼 무려 23년간 국립중앙박물관 수장고에서 햇빛을 보지 못한 채 지냈다. 국립진주박물관은 이 문화재 재건과 전시를 위해 이관을 요청했고, 마침내 2018년 2월 고향인 경남 산청과 인접한 진주로 돌아왔다. 그 세월이 무려 77년이다.

산청 법계사 삼층석탑

바윗돌 기단 삼아
천년을 버텨온 탑

운평선雲平線 바다에 닿자
섬들이 걸어온다

지리산
거기에 두고
탑 하나 떠메고 왔다

지리산 좀 올랐다 자랑해도 정작 법계사 석탑 보지 못한 이가 많다. 로터리산장에서 잠시 호흡 고르고 곧바로 천황봉 향해 출발하기 때문이다. 탑 구경은 새벽 여명이 좋은데, 산꾼에게는 정상에서 일출 보는 일이 더 중한 탓이다. 절 마당 거대한 바윗돌에 탑신 올렸으니 기단만큼은 세상에서 제일 튼튼하다.

법계사는 해발 1,450m, 우리나라에서 가장 높은 곳에 있는 사찰이라 운 좋은 날엔 구름 자욱이
내려와 운평선 너머 산봉이 흡사 섬처럼 떠 있는 광경을 만날 수 있다. 산의 발목은 남해 바다에
닿고, 우린 탑을 품고 마을로 내려온다.

양산 통도사 봉발탑

아하, 이제 보니 석가모니도 사람이셨군
밥공양에 남루 걸치고 급히 뒷간도 가는

배고픈 젊은 스님들
줄 지어 공양 간다

영축산에 둘러싸인 통도사 경내엔 부처님 영험한 기운 넘쳐난다. 불타께서 《법화경》을 설하신 영축산 불국토를 이곳으로 옮겨온 느낌이랄까. 그래서인지 햇살 따라 멋대로 굽은 솔향의 송림불토 松林佛土, 고색창연한 부도림, 영산전 앞 삼층석탑 등이 나그네의 눈길을 사로잡는다. 통도사 봉발탑은 밥그릇 닮은 모양이 이채롭다. 석가모니의 발우를 상징적으로 표현한 석조물인데 이런 모양은 우리나라에서 유일하다. 결국 부처님도 중생처럼 발우공양 시간이 중요했음을 보여주는 재미있는 탑이다.

통도사는 스님들의 교육기관으로 선원禪院, 율원律院, 강원講院을 모두 갖춘 총림 사찰이다. 젊고 잘생긴 학인 스님들이 용맹정진 도중 축구를 비롯한 놀이도 한다. 공양시간 잘 맞춰 가면 줄지어 발우 들고 공양 가는 스님들을 만날 수 있다.

의령 보천사지 삼층석탑

절터에 흩어진 기와는 말한다
이름은 숭엄사, 봉림산문의 말사

해 질 녘
고려 노을이
산그림자 끌고 온다

때로는 기와 하나가 역사책 한 권이 되기도 한다. 이 폐사지의 경우 기왓장 하나로 단절된 역사를 이었다. 2018년 의령군에서 석탑 사지를 조사했는데, 흩어진 기와에서 축조연대와 사찰명을 알려주는 명문을 발견한다. 그 내용은 '통화 29년 숭엄사統和卅九年崇嚴寺', '봉림하鳳林下'로 되어 있다. 통화는 요나라(거란) 성종(983~1011) 때의 연호이며, 통화 29년은 고려 현종 2년(1011)에 해당하기에 늦어도 고려 현종 이전에 건립된 것으로 확인되었다. 발굴단은 이때 비로소 보았으나 탑은 늘 고려의 별들과 놀고 있었다.

진주 묘엄사지 삼층석탑

사람들아 제발 날 찾아오지 마시게

허허 내게 날개가 없는 줄 아시는가?

방금도 남해에 갔다가 덕천강에도 갔던걸

묘엄사지를 가리키는 이정표가 시원하다. 이곳은 서부경남을 대표하는 큰 인공호수인 진양호와 가깝다. 근처 마을들은 수몰되어 사라진 고향의 아픔을 함께한 기억도 있다. 진양호는 덕천강물을 가두었는데, 이로 인해 남강 주변의 물난리를 다스렸다. 10채쯤 되어 보이는 집들 사이로 삼층석탑이 보인다. 고려시대 화강암으로 만든 탑으로 높이는 4.6m이다. 누가 갖다 놓았는지 탑 1층에 빛바랜 염주가 햇살에 익어간다. 주위에는 주춧돌과 석주, 부도의 덮개돌로 추정되는 팔각형 석재가 흩어져서 사각사각 시간을 갉아먹고 있다. 대부분의 석탑이 그렇듯 이 탑의 상륜부도 없어진 상태다. 하지만 뿌리박혀 있다고 날개가 없을까. 우리들 몰래 남해 바다에 귀를 열고, 덕천강 윤슬에 몸을 담그기도 하면서 미륵 세상을 염원하고 있지는 않을까.

창녕 술정리 동삼층석탑

아침엔 서탑과 놀고 저녁엔 원효와 논다
낙동강 물안개는 화왕산을 오르고
화왕산 진눈깨비는
옥개석에 내린다

경주가 멀다면 창녕에 가면 된다
진흥왕 척경비와 석빙고도 있으니
서라벌 작은집 구경
쏠쏠하지 않은가

창녕 술정리엔 동삼층석탑과 서삼층석탑이 있다. 동탑은 국보인데 서탑은 보물이라 조금 안타깝다. 서탑은 동탑에 비해 조금 늦게 세워졌고, 조형미도 다소 모자라기에 그렇지 않나 싶다. 읍내 중심에 자리한 동탑은 경주 왕경에 있는 석탑과 비견될 만큼 늠름하고 세련미가 있다. 화왕산에서 내려오는 개울과 마을 사이에 있어 사진을 찍으면 담장과 전신주, 굴뚝 등도 보인다. 이런 어지러운 배경을 담지 않으려면 안개 내려오는 새벽이나 산그늘 발목에 닿는 어스름 무렵이어야 한다. 아무리 재주 있는 작가라 해도 한 번 찾아와 사진다운 사진을 얻기는 쉽지 않다는 얘기다. 이왕 탑 구경 왔으면 동탑과 서탑을 함께 보는 것이 더 좋으리라. 근처엔 진흥왕 척경비와 석빙고도 있으니 작은 경주라 불릴 만하다.

함양 벽송사 삼층석탑

기실 나무는 탑이 되고 싶었고
탑은 한 그루 나무이고 싶었다
널 보며 또 다른 나로
돌아가고 싶었다

선 채로 천년을 살면 무엇이 보일까
키 세워 더 멀리 보면 무엇이 보일까
차라리 눈을 감아라
심안心眼마저 꺼버려라

벽송사는 혼자 가도 좋고 일행과 함께여도 좋다. 오도재 지리산 제일관문을 지나면 마천면이다. 그렇게 벽송사에 닿는다. 벽송사는 조선 중종 때(1520년) 벽송 지엄선사가 창건했으며, 서산대사와 사명대사가 도를 깨달은 유서 깊은 사찰이라 한다. 이곳 삼층석탑은 법당 뒤쪽 언덕에 세워진 것이 특이하다. 삼층석탑에 키를 맞추는 소나무가 굽어져 꿰목이 고개를 받치고 있다. 소나무 가지 끝이 탑을 향하고 있는데 탑은 짐짓 못 본 척 시침을 떼고 있다. 하지만 기실 나무는 탑이 되고 싶고, 탑은 나무가 되고 싶은 것은 아닌지. 유한한 존재는 무한에 이르고 싶고, 무한한 존재는 스러져 사라지고 싶은 욕망에 사로잡힐 때도 있으리라. 탑은 불교를 멀리하던 조선 전기에 세웠는데, 그 양식은 불교 조형예술이 발달한 신라 때의 기본 양식을 본받고 있다.

함양 승안사지 삼층석탑

명산 있는 곳에 명찰이 있었고
명찰 있는 곳에 손 모은 탑 있었다
품을 것 다 품은 산이 지리산 아니던가

고렷적 한 석공은 부처님 부름으로
몸돌엔 사천상을, 머리 쪽엔 부용꽃을
미려한 부조 새기고 홀연히 사라졌다

바쁜 길손이여 시절이 분주해도
이곳 지나거든 눈길 한번 주고 가소
승안사 잊혀진 이름, 석탑 하나 의연하다

승안사지는 함양군 수동면에 있다. 자세히 눈길 주면 섬세한 석공의 손길이 느껴진다. 2개의 기단이 3층 탑신을 받치고 있는데, 맨 아래 기단부엔 연꽃 조각을 새겨 둘렀고, 두 번째 기단부에는 부처·보살·비천상을 새겼으며, 탑신 1층 몸돌 4면엔 사천왕상을 부조해놓았다. 사천왕상은 절 일주문에서 흔히 본 과장되고 험상궂은 모습이 아니라 미소 띤 동자상처럼 친근하다. 현재 석탑은 원래 있던 자리에서 두 번 옮겨 세웠다고 하는데 이웃한 곳에 고려시대 석조여래좌상이 있다. 석탑이 그러하거늘 여래좌상인들 우여곡절이 없을 것인가. 석탑 근처 개천에서 상반신을 드러낸 모습으로 발견된 것을 현재의 자리로 옮겨 세웠다고 한다. 상반신 높이만 2m 80cm로 원형이 훼손되지 않았다면 어떤 모습일지 상상해본다.

합천 영암사지 삼층석탑

탑을 마주 서면
황매산이 우뚝하다
삼층탑은 아들 탑
황매산은 아비 탑

아들이
잘났다 하나
어찌 아비를 넘을까

삼층탑 뒤엔 작은 석등, 석등 뒤엔 가지런한 송림, 그 뒤엔 병풍 같은 황매산. 이 탑은 황매산에 널 브러진 돌을 깎아 만들었으리라. 그러니 아들 탑이 틀림없다. 황매산은 기암괴석으로 이뤄진 산이다. 탑을 두고 허위허위 돌산 오르다 정상에 닿으면 산정은 의외로 평탄하다. 동남쪽 사면을 흐르는 계류는 가회면에서 사정천에 흘러들며, 북쪽 사면을 흐르는 계류는 황강의 지류인 옥계천을 이룬다. 북동쪽을 내려다보면 합천호가 보인다. 6월 합천호는 넘치듯 수량 가득하다. 배부르다.

합천 청량사 삼층석탑

석탑은 북두성 보고 하늘 길을 알고
중은 석탑을 보고 머물 곳을 안다

하늘에 무덤을 지은
한 선인仙人을 생각한다

청량사는 해인사의 명성에 밀려 그다지 많이 알려진 절은 아니다. 하지만 국가 지정 보물이 3점이나 있다. 이 삼층석탑과 석등, 석조여래좌상이 그것이다. 이 절이 깃든 매화산은 가야산의 위용에는 좀 밀리지만 기암괴석으로 이뤄진 아름다운 자태만은 결코 뒤지지 않는다. 청량사는 고운孤雲 최치원 선생이 자주 찾은 곳이라 한다. 선생이 마지막으로 지었다는 '입산시入山詩'를 보면 한번 산에 든다면 다시는 세상에 나오지 않으리란 맹약을 읽을 수 있다. 서라벌을 떠나 지리산 청학동, 가야산 홍류동 계곡 등지에서 여생을 보낸 이유가 바로 자신과의 약속을 지키고자 함이 아니었을까. 천불산 바위 아래 고즈넉한 도량을 걸어 나오다 갓과 신발만 남겨두고 홀연히 사라졌다는 한 선인을 생각한다.

# 4부

# 충청

거기 절이 있었다
한 왕조가 있었다

# 공주 마곡사 오층석탑

'춘마곡春麻谷 추갑사秋甲寺'라 예부터 불렸으니
봄 다 떠나기 전에 마곡사 구경 가자
베 짜는 삼[麻]은 흔적 없고 절 마당도 적요하다

순례 온 신도들 싣고 관광차 떠나가자
현기증의 햇살이 잠시 기와에 나뒹굴고
마당도 섬돌도 기우뚱, 균형을 잃는다

정신줄 다시 잡고 석탑 마주하니
몽고군의 흙먼지와 말발굽 소리 요란하다
그렇다, 탑이 곧 스승이니 죽비나 맞고 가자

예부터 사람들은 "봄엔 마곡사 가고 가을엔 갑사 간다." 했으니 잠시 짬을 내어 마곡사 구경 가본다. 마곡은 베 짜는 삼을 심는 골짜기를 뜻하기도 하고, 세워둔 삼대처럼 빼꼭히 사람들이 들어찼다는 뜻도 있다 한다. 그만큼 절이 크고 찾는 이가 많았기에 붙여진 이름일 터. 조금 전 염주 들고 삼사순례 다니는 아낙네들이 관광버스를 타고 떠났다. 언제 그랬냐는 듯 절은 다시금 고요해진다.

석탑은 13세기 원나라 라마교의 영향으로 세워졌다 한다. 상륜부 노반 위에 풍마동이라는 청동제로 된 부재를 올렸는데, 한눈에 봐도 이런 형식이 우리나라 탑과는 이질적인 느낌을 자아낸다. 이렇듯 이국적인 탑들은 아픈 역사를 대변하는 증거물이다. 당시 몽고의 침입이 없었던들 이곳에 이런 탑을 세웠을까. 그러므로 이 탑은 아픈 죽비이고 교훈이며 스승이다.

당진 안국사지 석탑

낮이면 멈추고 밤이면 걸었다
그 뒤로 고려의 별들이 따라왔다
쉼 없는
삼보일배의
종착지는 어디인가

묵언으로 걸어온 기나긴 수행의 날들
언제나 배경이 되어 함께한 동반자여
어엿한
삼존불이 있어
예까지 왔으리

아쉽다. 하긴 이런 모습이 안국사지 석탑뿐이랴. 1층 몸돌은 남아 있는데 2층 이상의 몸돌은 사라지고 지붕돌만 포개진 채 기형으로 서 있어 어딘지 엉성해 보인다. 자세히 보면 건립 당시의 모습은 제법 어엿했으리라 짐작된다. 각 귀퉁이에 기둥을 본떠 새기고 한 면에는 문짝 모양을, 다른 3면에는 여래좌상을 도드라지게 새겨놓은 것이 그렇다.

절은 사라졌으나 이 탑을 배경으로 석조여래삼존입상이 있어 그다지 외롭지는 않아 보인다. 중앙의 본존불은 발 모양을 제외하곤 하나의 돌로 이뤄진 대형 석불인데, 머리 위에 화불이 장식된 보관을 쓰고 있어 눈길을 끈다. 이 본존불을 중심으로 좌우에 나란히 선 협시 보살상은 훼손의 흔적이 크다. 하지만 탑과 삼존불은 그 지난한 역사의 질곡 속에서도 부처님 말씀을 전하기 위해 깊은 밤 우리의 꿈을 밟고 삼보일배하며 걸어왔으리라. 그런 상상을 하며 당진을 떠나왔다.

보령 성주사지 오층석탑

기도도 좋지만 공양부터 하시라고

가을이 다 저물기 전 겨울 채비 하시라고

해맑은 동자승처럼 석등은 채근한다

보령 땅 성주사지를 찾은 것은 태풍 다녀간 다음 날. 며칠째 흐리고 비 오기를 계속하다가 오랜만에 만난 햇살 탓인지 절터의 풀잎이 싱그럽기만 하다. 가람 흔적 없는 곳에 홀로 선 탑을 보다가 탑끼리 지근거리에서 키를 재는 이곳 풍경은 평화롭다. 외딴집보다는 집과 집이 어울린 마을을 만나면 더 반갑지 않은가. 오층석탑과 함께 중앙삼층석탑, 서삼층석탑, 동삼층석탑, 낭혜화상백월보광탑비 등이 있어 한결 여유로워 보인다. 무엇보다 날렵하고 해맑은 석등이 탑 앞에 선 모습이 꼭 보좌하는 동자승을 닮았다. 《삼국사기》에 따르면 성주사는 백제 법왕이 왕자 시절 삼국전쟁으로 희생된 이들의 혼을 달래기 위해 세웠다고 한다. 당시 성주사 수도승이 2,000여 명에 달했다고 하니 가히 그 규모를 짐작할 만하다.

부여 무량사 오층석탑

갑옷 입고 투구 쓴 무사가 걸어온다
턱 벌어진 어깨며 호방한 목소리
술잔은 질그릇 한 사발, 거칠 것이 없다

고려의 하늘을 이고 한 생애를 살았으나
혈통 깊은 곳엔 백제의 피가 흐른다
눈물로 병장기를 씻고 선 채로 탑이 되었다

만수산 무량사는 마을에서 멀지 않은 곳에 있지만 언제 가도 고즈넉한 기운을 준다. 조선시대 생육신의 한 사람인 매월당 김시습이 끝내 세속에 나가지 않고 입적한 유서 깊은 절이다. 그의 사리를 모신 미려한 승탑이 있다. 무량사 오층석탑은 어딘지 호방하고 장중한 모습이 흡사 미륵사지 탑의 느낌과 유사하다. 그래서일까. 작은 것에 연연하지 않는 무사의 풍모를 지녔다. 발을 땅에 묻고 장검을 딛고 선 묵중함에 잠시 압도당한다. 이렇다 할 장식이 없는 것이 외려 담담한 아름다움으로 다가온다. 고려 때에 건립되었으나 백제계 양식도 함께 있다 하니 그 핏줄 깊은 곳에 백제를 사수하다 최후를 맞이한 계백의 숨결도 살아 있음 직하다. 석등, 석탑, 극락전이 차례로 서 있어 가람 배치가 매우 정갈해 보인다.

부여 정림사지 오층석탑

거기 절이 있었다 한 왕조가 있었다

무너진 계백의 하늘은 어떤 빛이었을까

아득한 역사의 성문을 여는 열쇠는 내게 없다

시방 나침반은 어느 곳을 향해 있나

낙화암의 아우성도 장수 잃은 말울음도

조용히 돌에 가둔 채 석탑은 말이 없다

탑을 우러러본다. 부여에도 이보다 높은 건물은 즐비하다. 그러나 천년도 훨씬 넘는 6세기경, 정림사지에 우뚝 세운 이 오층석탑과 비견할까. 이 정도라면 건립 당시 석가세존의 나라를 칭송하여 무지개라도 찬연히 걸리지 않았을까. 이 탑은 그날의 황홀과 감동, 백제의 흥망성쇠를 재는 가늠자임이 틀림없다. 안타까운 것은 신성한 탑신에다 백제를 멸한 당나라 장수 소정방이 글을 새겨놓아 수난의 역사가 가슴 아프다. 이 탑과 정림사지 석조여래좌상 등이 남아 있는 것을 보면 정림사가 백제 왕실 또는 국가의 상징적 존재였음을 짐작할 수 있다. 하지만 그 잊힌 역사의 성문을 여는 열쇠는 내게 없다. 낙화암의 전설과 황산벌의 흙먼지를 떠올리며 그저 역사의 한 페이지를 걸어볼 뿐이다.

서산 보원사지 오층석탑

임 떠난다고 울지 마라
봄 간다고 아쉬워 마라

절집에 남은 것은
탑 하나와 당간지주

돌 하나
바다에 던져
그 깊이를 잰다

보원사지 당간지주 앞에 서면 그 중심에 오층석탑이 보인다. 탑신에 자세히 눈길을 주면 노련한 석공의 솜씨가 잘 드러난다. 아래 기단 옆면에는 열두 마리 사자상을 새겼고, 위 기단 옆면에는 팔부중상을 2구씩 새겼다. 절터의 규모가 상당해 보이는데 대웅전을 비롯한 건물들은 사라지고 없다. 4톤가량의 물을 저장할 수 있는 석조 하나가 빈 절터에 덩그러니 놓여 지난날 많은 스님들이 기거했음을 짐작케 한다. 잘생긴 석탑 하나와 미려하게 지탱해온 당간지주만 있어도 융성했던 절의 모습을 그려볼 수 있다. 기러기 한 마리로 천 리 하늘의 길이를 잰다고 하지 않던가. 마음의 눈을 말하지 않아도 남아 있는 몇 점의 유물로 당시를 상상해볼밖에. 작은 키로 어찌 바다를 잴 것인가. 그저 돌 하나 던져 그 깊이를 가늠해보는 것이다.

영동 영국사 망탑봉 삼층석탑

버려지는 별똥별에 입 맞추고 싶었다

마침내 홀로되어 잊히고 싶었다

천태산 눈발 속에서 영영 사라지고 싶었다

어느 날 문득 전화 끄고 약속도 잊은 채 일상에서 잠시 놓여나고 싶다면 천태산 망탑봉 찾아가라. 이곳엔 영국사 절을 피해 작은 삼층석탑이 오두마니 서 있다. 봉우리에 앉은 예쁜 화강석 위에 조신한 자태로 선 탑이 마음을 정갈하게 한다. 작은 키가 낮은 봉우리와 이렇게 잘 어울릴 수가 없다. 몸돌 4면엔 무늬 없는 문짝 문양을 돋을새김했는데 위아래가 돌출된 액자 형태를 하고 있다. 고려 때인 12세기경에 세워진 탑이라 하니 오래 잘도 견뎌왔다. 20m쯤 떨어진 곳에는 흔들바위가 하나 있다.

제천 사자빈신사지 사사자 구층석탑

네 마리 사자가 울자 도량은 선계에 든다
단 한 번의 사자후가 고요를 불러내다니

바람도
가던 길 멈추고
반야바라밀 읊조린다

이 석탑은 원래 9층 탑으로 고려 현종 13년(1022)에 건립되었다고 한다. 현재는 2층 기단에 5층 몸돌까지만 남아 있고 상륜부는 완전히 파손되었다. 그나마 다행한 것은 네 마리 사자가 사자후를 토하며 탑신을 받치고 있는 점이다. 네 마리 사자를 배치한 탑이 그리 특이한 것은 아니나, 이 탑처럼 그 형상이 온전히 남아 있는 것은 매우 드물다. 사자는 네 모서리에 한 마리씩 배치되어 있으며 안쪽 공간에 비로자나불상을 모셨다. 불상은 특이하게도 두건을 썼고 표정이 매우 흥미롭다. 네 마리 사자가 앉아 있는 형상이 통일신라시대에 조성된 화엄사 사사자 삼층석탑과 유사한데, 고려시대 석탑의 특징이 잘 드러난 중요한 자료다.

제천 장락동 칠층모전석탑

마을과 석탑 사이에 빈 하늘 빈 들이 있다

조금은 적막해야 골똘해지지 않던가

고독을 모르는 이에게 어찌 인생을 물을까

탑 앞에 서면 제천 시내 빌딩들이 작아 보인다. 마을과 탑 사이에 들이 있어 다행이란 생각이 든다. 그래서인지 회흑색 칠층석탑은 더욱 키가 커 보인다. 어둠이 약간 내려앉은 시각, 먼데 집들이 불을 밝히는데 묵중한 탑은 안으로 더욱 어두워진다. 우람한 사내가 검은 외투를 입은 모습이랄까. 이 탑은 돌을 벽돌처럼 만들어 쌓은 모전석탑이다. 여러 개의 자연석으로 짜 만든 기단 위에 견고한 점판암 벽돌로 탑신을 이뤘다. 1층 가운데에 감실이 있는데, 네 귀기둥에 화강석을 끼워 맞춘 것이 특이하다. 키에 비해 짜임새가 다소 둔탁해 보이지만 외려 그런 모습이 진솔한 농투성이를 닮았다.

청양 서정리 구층석탑

닦고 또 닦아도 빛나지 않는 날들이면
들판에 구르는 햇살과 돌탑 하나
그렇게 마음에 저장하니
오늘은 눈부시다

바람에 흔들리는 것이 어디 억새뿐이던가
저만치 연꽃 지는 스산한 황혼 무렵
석탑도 전신주 따라
또 하나의 풍경이 된다

마을은 그리 멀지 않다. 멀리 산에 걸린 낮은 구름이 황혼에 익어간다. 소나무 몇 그루와 들판이 추분 지난 가을과 잘 어울린다. 지는 햇살에 구층석탑이 분칠한 여인처럼 유난히 빛난다. 탑 옆으로 전신주들이 바람에 휘이휘이 소리를 낸다. 을씨년스럽지만 이 또한 부조화의 조화처럼 하나의 풍경이 된다. 보물로 지정된 고려 탑이 있다고 지금 일용의 것들을 거부할 수는 없지 않은가. 그래도 좋은 사진 얻으려면 전신주 피해 찍는 수고를 해야만 하니 성가신 건 사실이다. 이곳 역시 절터는 농지가 되었다. 탑은 몸돌과 지붕돌을 각각 하나의 돌로 만들었고 높이에 비해 너비는 우아한 느낌을 준다. 고려 초기에 건립된 거대한 석탑 가운데 9층 탑은 희귀한 편에 속한다.

충주 탑평리 칠층석탑

모름지기 대장부
품새라면 이쯤 되어야지

치장도 한낱 남루에
지나지 않는 법

중심에
가까울수록
흔들리지 않는다네

탑은 바람이 시작된 곳을 알고 바람이 지는 곳을 안다. 그러므로 일희일비하지 않는다. 남한강이 흘러 닿는 그 바다 그 물빛은 탑신을 적신다. 한반도 중앙을 지키는 탑의 무게는 이런 것일까. 탑 앞에선 옷매무새를 여미게 된다. 대장부의 묵중함은 찾은 이를 숙연케 한다. 우뚝 솟은 머리는 하늘에 가깝고 지상에 딛고 선 발은 평원에 닿는다. 겨울 철새도 탑을 비껴 나는가. 이 탑은 2단 기단 위에 7층 탑신을 올린 통일신라시대 석탑으로 당시에 세워진 것 중 규모가 가장 크다고 한다. 전문가들은 규모의 웅장함에 비해 안정감이 덜하다고 하나 여행자의 눈엔 대장부의 늠름한 품새를 비교할 대상을 찾기 어렵다. 삭막한 바람 이는 강가의 토단 위에 서 있어 그런지 비장미마저 느껴진다.

# 5부

전라, 제주

기다림이 길어지면
돌에도 뿌리가 난다

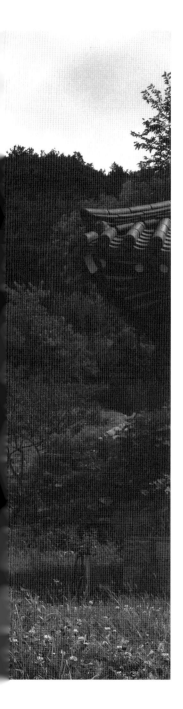

곡성 가곡리 오층석탑

나는 멀찍이서
마을을 내려다본다
어느 나무에서 까치가 우는지
오늘은
또 누가 죽어
곡성이 들리는지

백제계 혈통으로
고려를 짐 졌지만
그 무게 내려놓고 이제 좀 쉬고 싶다
잊고픈
이름 있다면
이곳에서 잊고 가라

마을 주민에게 탑 자리를 물으니 큰 관심 없다는 듯 대답이 심드렁하다. 석탑은 마을 끝자락 매봉 초입 언덕에 서 있는데 막상 다가가 보니 그 자태가 늠름하다. 어디에서 본 듯한 느낌이 들어 생각해보니 담양 남산리 오층석탑을 닮았다. 그도 그럴 것이 둘 다 고려시대 탑이지만 백제계 석탑 양식을 계승해 더욱 그런가 보다. 전해 들으니 유물 보전에 소홀했던 시절에는 대숲이 무성하여 가까이 가도 탑이 보이지 않았다고 한다. 지금은 터를 잘 조성하여 탑과 주변을 조망하기에 손색 없다.

구례 연곡사 삼층석탑

하늘은 여남은 평, 구름은 대여섯 말
빛은 딱 그만큼만 탑을 비춰주신다

길 잃은
별들도 잠시
쉬어 가는 시간인 듯

연곡사의 연혁이야 여기서 다 말할 필요가 없지만 특별히 밝혀두고 싶은 부분이 있다. 이 절은 우리 역사의 소용돌이 속에서 거친 운명을 함께했다고 한다. 조선시대엔 승병활동을 했다는 이유로, 1907년엔 항일운동의 본거지라는 이유로 일본군에 의해 전소되었다가 한국동란 때 다시 전소되는 수난을 겪었다. 탑은 이런 수난의 역사를 온몸으로 겪으며 오늘에 이르렀다. 기단이 여러 개의 석재로 이뤄져 있고, 3단 기단 위에 3층 몸돌을 올린 모양이다. 지붕 윗면의 경사가 경쾌한 곡선을 그리고 있으며 네 귀퉁이의 추켜올린 선이 우아하다. 통일신라 후기의 탑으로 추정된다.

구례 화엄사 서오층석탑

요 며칠 섬광 그으며 별똥별 떨어지고
굽이돌던 섬진강물도 얼다 녹다 하였다
스님도
태몽을 꿀까
하혈하듯 흑매黑梅 핀다

여명이 불러온 저 붉고 장엄한 개화
천년을 기다린 화엄 세상도 저리 피어날까
석탑은
아는 듯 모르는 듯
돌의 무게로 결을 고른다

화엄사는 흑매로 봄을 연다. 각황전 위로 여명 오는 시각, 운 좋은 나그네라면 장엄한 개화를 볼수도 있다. 혹시 이 순간이 화엄이 아닐까. 누가 말했듯 꽃은 저 홀로 피지 않는다. 그대의 잠 속에서 별똥별 떨어지고, 섬진강물도 흐르다 얼다를 반복하면서 개화를 준비했다. 꽃나무는 300년을 버텨왔고 서오층탑은 천년을 버텨왔다. 엷은 어둠 걷힐 때 마주하는 탑은 더욱 묵중하다. 탑신의 각 면에 창이나 검을 쥔 사천왕상을 조각하여 화려함을 더했는데 그래서인지 이 정도 개화엔 미동도 않는다. 그 침묵이 천년의 무게로 다가온다. 엷은 햇살이 상륜부를 비출 때 천천히 천왕봉이 내려온다.

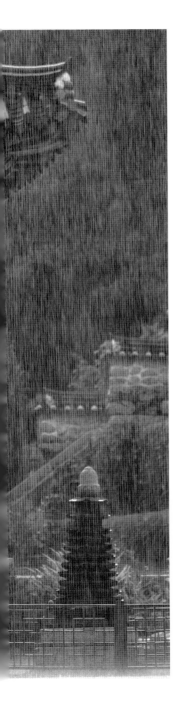

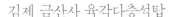
김제 금산사 육각다층석탑

버려진 날들이 서럽거든 내게 오라
눈물이 켜켜이 쌓여 옹이진 돌이 되었다면
맨발로 홍예석문 지나 금산사에 들어라

탑은 왜 이 모양으로 오늘에 이르렀나
하단과 상부는 흰빛, 몸체돌은 검은빛
앞앞이 말 못 할 사연, 차라리 묻지나 말걸

아서라, 하늘 둘 가진 이가 어디 있으랴
싸락눈 내리는 모악산 저문 산사
길 잃고 동무도 잃고 범종 소리에 젖는다

금산사에 이른 때는 늦은 오후, 절집에 산그림자가 내려오고 있었다. 그래서일까. 그림자마저 고색창연한 빛으로 다가온다. 그 어둠은 차츰 단아한 탑을 감싼다. 밝은 화강암으로 만든 사각형 탑이 아니라 벼루를 제작하는 검은빛 점판암으로 만든 둥근 육각다층석탑이어서 정감을 더한다. 이 탑도 사연이 많다. 자세한 내용은 모르나 원래는 금산사에 속한 봉천원에 있던 것을 현재의 대적광전 앞으로 옮겨놓았다. 탑신은 각 층마다 몸돌이 있었으나 지금은 맨 위 2개 층에만 남아 있으며, 상륜부 머리장식은 흰 화강암 조각을 올려놓아 썩 조화롭지 못하다. 삿갓이 없다고 모자를 씌운 격인데, 없으면 없는 대로 두는 것이 더 낫지 않을까. 문외한인 나는 그런 생각으로 사위가 캄캄해질 때까지 탑을 바라보았다.

남원 실상사 백장암 삼층석탑

기다려도 오지 않는 사랑이 덧없거든
남루한 마음 데불고 실상사 찾아가자
동무할 누가 없다면 혼자인들 또 어떠리

지리산 잠시 내려와 퍼질고 조는 사이
백장암 지붕 위로 설핏 해가 기운다
석탑도 젤로 이쁠 때가 노을 물들 시각인가

뉘라 널 일러 돌조각이라 하였던가
섬섬옥수 하염없다 꽃각시 그 자태로
살아온 천년을 건너 새 천년을 향해 가자

실상사는 특이하게도 너른 평지에 있다. 그래서 지리산이 그림자를 드리우고 잠시 쉬어 갈 만한 도량이란 생각이 든다. 우리나라 최초의 선종 가람으로 알려진 유서 깊은 사찰이지만 느낌은 수수하다. 이 탑을 보려면 백장암 찾아가는 수고를 해야 하는데, 이왕 왔으니 그 정도야 못할 일인가. 실상사에서 산내면 지나 인월면으로 가다가 오른쪽 산길로 1km쯤 올라가면 백장암을 만난다. 탑은 첫 대면만으로도 그 미려함에 숨이 멋는다. 문외한의 눈에는 건축물이라기보다는 정교한 공예품을 닮았다. 상륜부에 불꽃 모양 장식이 있는데 불국사 석가탑의 상륜부를 복원할 때 이를 본떠 복원했다니 보존 상태가 완전에 가까움을 알 만하다. 측면에는 난간 문양을 사방에 돋을새김한 것이 매우 섬세하고 아름답다.

담양 남산리 오층석탑

담양엔 천 평쯤의
고려 하늘이 있다
순창 가는 도로엔
차들이 내달리는데
이곳엔
고려를 떠나온
진눈깨비가 내린다

석탑이 기다리는
그대는 누구인가
기다림이 길어지면
돌에도 뿌리가 난다
탑에겐
천년 세월이
눈 깜짝할 찰나인걸

담양 읍내에서 순창 가는 길 1km 지점에 이르면 오른편 공터에 이 탑이 서 있다. 메타세쿼이아 가로수가 배경이 된 풍경이 흡사 탑을 중심으로 열병식 하는 군사들 같다. 탑이 있는 공터는 절터였을 것으로 추정된다. 탑은 고려 때의 것인데 양옆 대로엔 차들이 달린다. 그러므로 탑이 이고 있는 하늘은 고려의 하늘이고, 탑 위로 뿌려지는 진눈깨비는 고려의 것이다. 선 채로 한 천년을 지내다 보면 돌에도 뿌리가 자라지 않을까. 잠시 이런 상상을 하다 현실로 돌아와 탑을 바라본다. 모양이 낯익다 싶어 곱씹어보니 부여 정림사지 오층석탑과 매우 흡사하다. 기단 위 5층 탑신은 그래도 늠름한 기개를 보여주지만 상륜부는 모두 멸실되어 안타까움을 자아낸다.

영암 월출산 삼층석탑

기억해도 좋지만
잊혀지면 더 좋다네

호남정맥 여는 달은
어김없이 뜰 것이니

여럿이
봐도 좋지만
혼자서는 더 좋다네

월출산은 기암괴석이 많고 봉우리마다 탄성을 자아내는 절경이 있다. 언젠가 이곳에서 서해의 일몰을 보느라 돌아오는 시간을 놓친 적도 있다. 일행과 함께 보아도 좋고 혼자라면 더욱 좋았던 그때, 산안개 일몰 속에서 잠깐 몰아를 경험했다. 월출산에서도 9개 단지 모양을 한 구정봉은 비경 중의 비경이라 할 만하다. 구정봉에서 약 500m 아래 고지엔 마애여래좌상(국보 제144호)이 서해 쪽을 향해 있다. 굳게 다문 입과 그윽이 감은 눈으로 엄숙한 아름다움을 보인다. 얼굴에 비해 몸은 빈약하게 표현되었지만 몸을 감싼 촘촘한 옷 주름이 석공의 노고를 짐작케 한다. 이 높은 곳에 누가 절을 짓고 여래상과 탑을 앉혔을까. 이 엄청난 불사로 인해 영암 고을에 온갖 소문이 만발했으리라.

익산 미륵사지 석탑

미륵은 언제 오시나
이미 다녀가셨나
별이 멸멸하듯 예언자는 떠났지만
백제의
푸른 하늘은
내가 받들고 있으리라

나를 중심으로 해가 뜨고 해가 진다
왕조를 지우기 전에 먼저 나를 지우고 가라
역사의 시작과 끝이 여기서 비롯되나니

굳건한 존재를 두고
멸망을 논하지 말라
하늘에 고하고
하늘에 묻는다면
이녁이
곧 부처임을
깨달을 날 있으리라

현존하는 가장 오래된 석탑인 미륵사지 석탑이 19년간의 해체·보수 공사를 마치고 2019년 4월 30일 마침내 위용을 드러냈다. 일반에게 공개된 다음 날 새벽, 이곳을 찾았다. 멀리서 여명이 오는 시각, 탑도 긴 꿈에서 깨어난다. 탑 위로 백제의 하늘이 열린다. 왕조는 역사와 함께 흘러갔으나 탑은 아직 백제의 건재함을 웅변한다. 원래 부재를 최대한 재사용하고 국제 기준에 따라 보수 과정을 이행해 석탑의 진정성과 구조적 안정성을 확보했다고 문화재청은 밝혔다. 층수는 논란 끝에 기존 탑의 자취에 따라 6층으로 준공되었는데, 오랜 역사의 유물은 끝내 완전한 형태로 돌아오지는 못했다. 1, 2층은 옛 모습 그대로, 3층부터 6층까지는 일제가 함부로 바른 시멘트를 뜯어내고 남아 있던 모습대로 복원했으나 층별로 달리 복원된 것은 큰 아쉬움으로 지적되고 있다.

익산 왕궁리 오층석탑

멧새도 경을 읽으면 어느 날 하늘이 된다

어깨엔 그 새들의 똥이 쌓여 있다

하늘이 부처님이라면 그 똥은 바로 부처님 똥!

왕궁리 탑 보려거든 비 온 뒤 미세먼지 없는 날을 골라 가면 좋다. 산줄기 끝나는 낮은 언덕에 자리해 하늘을 배경으로 탑과 소나무 몇 그루가 그림처럼 서 있는 광경을 볼 수 있다. 왕궁리 유적 발굴은 현재진행형이다. 탑이 선 터전이 매우 넓고, 성이며 절의 흔적들이 점차 드러나고 있다. 이 석탑의 건립 시기를 둘러싸고 논란이 많았다. 백제 탑의 특징을 부분적으로 갖고 있으나 기단부 기둥은 직사각형으로 통일신라 중기의 탑과 같으며, 갑석도 경사가 완만한 것이 통일신라의 것과 같다고 한다. 즉 통일신라를 지나온 고려 초 백제계 석탑이란 것이 정설로 굳어진다 하니 백제와 통일신라, 고려의 특징이 융합된 작품을 한 번에 보고 싶다면 이 탑 찾아가면 좋으리라.

정읍 은선리 삼층석탑

돌쩌귀 달아난 날
한데 바람은 찬데
독 짓고 독 파는 임아 어긔야 어강됴리
걸어서
짓물러 터진
그 하루를 어쩔거나

행상 나간 이녁이여
무사히 돌아오소
어긔야 어강됴리 아으 동동다리
정화수
한 그릇으로
빌고 또 비옵니다

은선리 석탑 앞에서 〈정읍사〉 불러본다. 독 지어 지게에 얹어 이 마을 저 마을 떠돌며 파는 남편을 기다리는 아낙네가 있었다고 상상해보자. 하필 남정네도 없는 집에 돌쩌귀 달아난 방은 한데나 다름없다. 서리 내릴 듯 말 듯 바람이 차다. 정화수 한 그릇 떠다 탑 앞에 나간다. 무사히 돌아오라고, 달님이여 제발 "노피곰 도두샤 비취오시라 어긔야 어강됴리 아으 동동다리" 빌고 또 빌었으리. 그래서 그런지 탑을 처음 본 내 느낌은 겨울날 종아리 내놓은 아이처럼 추워 보인다. 제일 먼저 눈에 띄는 것이 1층 몸돌의 기형적인 높이인데, 왠지 불안해 보이는 것이 나만의 생각인지 모르겠다. 우리나라에서는 일찍이 볼 수 없었던 독특한 모습이다. 백제시대 고사부리군의 고을 터에 서 있는 백제계 양식의 고려시대 탑이다.

정읍 천곡사지 칠층석탑

언제부턴가
여인은
선 채로
탑이 되었다
가녀린
어깨와
앙상한
허리선
한 편의
간결한 시처럼
묵상에
들었다

정읍시 망제동엔 빼빼 마르고 키 큰 여인을 닮은 탑이 서 있다. 바로 7.5m에 이르는 천곡사지 칠층석탑이다. 여인을 연상시킨다고 하나 부드러움과 섬세함, 탐미적 자태와는 다른, 오로지 기원 하나로 합장하고 선 야윈 모습에 나그네도 덩달아 무념에 든다. 처연한 그림자 아래서 이유 모를 갈증에 시달린다. 하루가 저무는 시간에도 오래 묵상에 든 탑은 군살 빼고 미사여구도 빼고 그저 부처님 향해 하늘로 솟아 있다. 허리를 지탱하는 길쭉하고 간결하게 짜 맞춘 장대석들로 인해 그런 느낌이 더하다. 앙상한 외형에 비해 지붕돌은 두껍고 둔중하여 그리 조화로워 보이지는 않는다. 어쩌면 그런 고졸한 모습이 더 고려 탑답다고나 할까. 껑충한 탑을 가운데 두고 초록 수풀은 하늘에 닿는다.

해남 대흥사 북미륵암 삼층석탑

두륜산 서녘 발자국 스미듯 내려오면

남도 땅끝 지나는 새의 길을 말하리라

아직은 열반의 잠을 청할 때가 아니다

에워싼 안개엔 이끼가 묻어 있고

바위는 더 무거운 침묵으로 밤을 맞는다

잠시 전 미륵 다녀가셨나 주위 더욱 고요하다

땅끝마을 해남에 간다면 맨 먼저 떠오르는 곳이 대흥사다. 2018년 6월 '산사, 한국의 산지승원'이라는 명칭으로 유네스코 세계문화유산에 등재된 명찰이다. 가람도 아름답지만 13명의 대종사와 13명의 대강사를 배출한 유서 깊은 사찰이니 귀 기울이면 부처님 목소리도 들려올 듯하다.

삼층석탑은 두륜산 정상 부근 북미륵암에 세워져 있다. 탑신은 거뭇거뭇 돌이끼가 끼었으나 비교적 원형에 가까운 안정된 모습이다. 몸돌과 지붕돌이 각각 하나의 돌로 되어 있으며, 몸돌 네 모서리엔 기둥 모양을 새겼다. 이와 함께 북미륵암 마애여래좌상, 서산대사 유물이 보관된 보장각, 대흥사 응진전 앞 삼층석탑, 초의선사가 중건한 대광명전 등 많은 유물을 만날 수 있다.

제주 불탑사 오층석탑


귀 기울이면 절에서도 숨비 소리 들릴까

물질 나간 해녀는 돌아오지 않았고

먼 옛날 설문대할망

탑을 돌며 부른다

불탑사는 여러모로 의미 있는 절이다. 제주 4·3 사건 당시 가람이 대부분 파손되어 1953년에 재건되었고, 이후에도 여러 차례 보수와 확장을 거쳐 오늘에 이르고 있다. 이곳 오층석탑은 우리나라 최남단에 있는 보물이다. 기단부에서 상륜 부재에 이르기까지 모든 석재가 현무암이다. 적흑색 화산석으로 만든 석탑은 이곳에서만 유일하게 볼 수 있다.

고려 때에도 바다에선 해녀들 숨비 소리 끊이지 않고 들렸으리라. 테왁 들고 물질 나갔던 아낙들, 더러는 파도에 쓸려 돌아오지 못했으리라. 그럴 때면 불탑사 석탑을 돌며 간절히 부처님과 설문대 할망에게 소원 빌지 않았을까. 망부석이 되지 못한 고려 아낙의 기원이 지금까지도 들려온다.

**【책에 수록된 문화재 현황】**

| | 명칭 | 문화재 번호 | 시대 | 소재지 |
|---|---|---|---|---|
| 경기<br>강원 | 안성 봉업사지 오층석탑 | 보물 제435호 | 고려 | 경기 안성시 죽산면 죽산리 148-5번지 |
| | 하남 동사지 삼층석탑과<br>오층석탑 | 보물 제13호,<br>제12호 | 고려 | 경기 하남시 춘궁동 466번지 |
| | 강릉 신복사지 삼층석탑 | 보물 제87호 | 고려 | 강원 강릉시 내곡동 403-2번지 |
| | 양양 낙산사 칠층석탑 | 보물 제499호 | 조선 | 강원 양양군 강현면 낙산사로 100, 낙산사 (전진리) |
| | 양양 진전사지 삼층석탑 | 국보 제122호 | 통일신라 | 강원 양양군 강현면 둔전리 100-2번지 |
| | 원주 거돈사지 삼층석탑 | 보물 제750호 | 신라 | 강원 원주시 부론면 정산리 188번지 |
| | 원주 흥법사지 삼층석탑 | 보물 제464호 | 고려 | 강원 원주시 지정면 안창리 517-2번지 |
| | 인제 봉정암 오층석탑 | 보물 제1832호 | 고려 | 강원 인제군 북면 용대리 산77 |
| | 철원 도피안사 삼층석탑 | 보물 제223호 | 통일신라 | 강원 철원군 동송읍 관우리 423번지 |
| | 평창 월정사 팔각구층석탑 | 국보 제48-1호 | 고려 | 강원 평창군 진부면 오대산로 374-8, 월정사 (동산리) |
| | 홍천 괘석리 사사자 삼층석탑 | 보물 제540호 | 고려 | 강원 홍천군 홍천읍 희망리 151-7번지 읍사무소 |
| 경북 | 경주 감은사지 동·서삼층석탑 | 국보 제112호 | 통일신라 | 경북 경주시 양북면 용당리 55-3, 55-9번지 |
| | 경주 나원리 오층석탑 | 국보 제39호 | 통일신라 | 경북 경주시 현곡면 라원리 676 |
| | 경주 남산 용장사곡 삼층석탑 | 보물 제186호 | 통일신라 | 경북 경주시 내남면 용장리 산1-1번지 |
| | 경주 분황사 모전석탑 | 국보 제30호 | 신라 | 경북 경주시 분황로 94-11, 분황사 (구황동) |
| | 경주 불국사 다보탑 | 국보 제20호 | 통일신라 | 경북 경주시 불국로 385, 불국사 (진현동) |
| | 경주 장항리 서오층석탑 | 국보 제236호 | 통일신라 | 경북 경주시 양북면 장항리 1083번지 |
| | 경주 정혜사지 십삼층석탑 | 국보 제40호 | 통일신라 | 경북 경주시 안강읍 옥산리 1654번지 |
| | 구미 낙산리 삼층석탑 | 보물 제469호 | 통일신라 | 경북 구미시 해평면 낙산리 837-4번지 |
| | 구미 죽장리 오층석탑 | 국보 제130호 | 통일신라 | 경북 구미시 선산읍 죽장2길 90 (죽장리) |
| | 달성 대견사지 삼층석탑 | 대구광역시 유형<br>문화재 제42호 | 통일신라 | 대구 달성군 유가면 용봉리 산1번지 |
| | 문경 봉암사 삼층석탑 | 보물 제169호 | 통일신라 | 경북 문경시 가은읍 원북리 490-2번지 봉암사 |
| | 성주 법수사지 삼층석탑 | 보물 제1656호 | 통일신라 | 경북 성주군 수륜면 백운리 1215-1번지 |
| | 안동 법흥사지 칠층전탑 | 국보 제16호 | 통일신라 | 경북 안동시 법흥동 8-1번지 |

| | 명칭 | 문화재 번호 | 시대 | 소재지 |
|---|---|---|---|---|
| | 영주 부석사 삼층석탑 | 보물 제249호 | 통일신라 | 경북 영주시 부석면 북지리 149 부석사 |
| | 영양 산해리 오층모전석탑 | 국보 제187호 | 통일신라 | 경북 영양군 입암면 산해리 391-6번지 |
| 경북 | 의성 관덕리 삼층석탑 | 보물 제188호 | 통일신라 | 경북 의성군 단촌면 관덕리 889번지 |
| | 의성 탑리리 오층석탑 | 국보 제77호 | 통일신라 | 경북 의성군 금성면 오층석탑길 5-3 (탑리) |
| | 칠곡 송림사 오층전탑 | 보물 제189호 | 통일신라 | 경북 칠곡군 동명면 송림길 73, 송림사 (구덕리) |
| | 밀양 만어사 삼층석탑 | 보물 제466호 | 고려 | 경남 밀양시 삼랑진읍 만어로 776, 만어사 (용전리) |
| | 밀양 표충사 삼층석탑 | 보물 제467호 | 통일신라 | 경남 밀양시 단장면 표충로 1334-9, 표충사 (구천리) |
| | 산청 단속사지 동·서삼층석탑 | 보물 제72, 제73호 | 통일신라 | 경남 산청군 단성면 운리 303-2번지 |
| | 산청 대원사 다층석탑 | 보물 제1112호 | 조선 | 경남 산청군 삼장면 유평리 1번지 대원사 |
| | 산청 범학리 삼층석탑 | 국보 제105호 | 통일신라 | 경남 진주시 남강로 626, 국립진주박물관 야외전시장 |
| | 산청 법계사 삼층석탑 | 보물 제473호 | 고려 | 경남 산청군 시천면 지리산대로 320-292, 법계사 (중산리) |
| | 양산 통도사 봉발탑 | 보물 제471호 | 고려 | 경남 양산시 하북면 통도사로 108, 통도사 (지산리) |
| 경남 | 의령 보천사지 삼층석탑 | 보물 제373호 | 고려 | 경남 의령군 의령읍 하리 797-1번지 |
| | 진주 묘엄사지 삼층석탑 | 보물 제379호 | 고려 | 경남 진주시 수곡면 효자리 447-1번지 |
| | 창녕 술정리 동삼층석탑 | 국보 제34호 | 통일신라 | 경남 창녕군 창녕읍 시장2길 37 (술정리) |
| | 함양 벽송사 삼층석탑 | 보물 제474호 | 조선 | 경남 함양군 마천면 추성리 산18-1번지 벽송사 |
| | 함양 승안사지 삼층석탑 | 보물 제294호 | 고려 | 경남 함양군 수동면 우명리 263번지 |
| | 합천 영암사지 삼층석탑 | 보물 제480호 | 신라 | 경남 합천군 가회면 황매산로 637-97 (둔내리) |
| | 합천 청량사 삼층석탑 | 보물 제266호 | 통일신라 | 경남 합천군 가야면 청량동길 144, 청량사 (황산리) |
| | 공주 마곡사 오층석탑 | 보물 제799호 | 고려 | 충남 공주시 사곡면 마곡사로 966, 마곡사 (운암리) |
| | 당진 안국사지 석탑 | 보물 제101호 | 고려 | 충남 당진시 원당골1길 188 (정미면) |
| 충청 | 보령 성주사지 오층석탑 | 보물 제19호 | 통일신라 | 충남 보령시 성주면 성주리 73번지 |
| | 부여 무량사 오층석탑 | 보물 제185호 | 고려 | 충남 부여군 외산면 무량로 203, 무량사 |
| | 부여 정림사지 오층석탑 | 국보 제9호 | 백제 | 충남 부여군 부여읍 정림로 83, 정림사지박물관 |
| | 서산 보원사지 오층석탑 | 보물 제104호 | 고려 | 충남 서산시 운산면 용현리 119-1번지 |

| | 명칭 | 문화재 번호 | 시대 | 소재지 |
|---|---|---|---|---|
| 충청 | 영동 영국사 망탑봉 삼층석탑 | 보물 제535호 | 고려 | 충북 영동군 양산면 누교리 산139-1번지 영국사 |
| | 제천 사자빈신사지 사사자 구층석탑 | 보물 제94호 | 고려 | 충북 제천시 한수면 송계리 1002-1번지 |
| | 제천 장락동 칠층모전석탑 | 보물 제459호 | 통일신라 | 충북 제천시 장락동 65-2번지 |
| | 청양 서정리 구층석탑 | 보물 제18호 | 고려 | 충남 청양군 정산면 서정리 16-2번지 |
| | 충주 탑평리 칠층석탑 | 국보 제6호 | 통일신라 | 충북 충주시 중앙탑면 탑평리 11 |
| 전라 제주 | 곡성 가곡리 오층석탑 | 보물 제1322호 | 고려 | 전남 곡성군 오산면 가곡리 2번지 |
| | 구례 연곡사 삼층석탑 | 보물 제151호 | 통일신라 | 전남 구례군 토지면 내동리 1354번지 |
| | 구례 화엄사 서오층석탑 | 보물 제133호 | 통일신라 | 전남 구례군 마산면 황전리 12, 화엄사 |
| | 김제 금산사 육각다층석탑 | 보물 제27호 | 고려 | 전북 김제시 금산면 모악15길 1, 금산사 (금산리) |
| | 남원 실상사 백장암 삼층석탑 | 국보 제10호 | 통일신라 | 전북 남원시 산내면 대정리 975 |
| | 담양 남산리 오층석탑 | 보물 제506호 | 고려 | 전남 담양군 담양읍 남산리 342번지 |
| | 영암 월출산 삼층석탑 | 비지정 문화재 | 연대 미상 | 전남 영암군 영암읍 회문리 |
| | 익산 미륵사지 석탑 | 국보 제11호 | 백제 | 전북 익산시 금마면 기양리 97번지 |
| | 익산 왕궁리 오층석탑 | 국보 제289호 | 고려 | 전북 익산시 왕궁면 왕궁리 산80-1번지 |
| | 정읍 은선리 삼층석탑 | 보물 제167호 | 고려 | 전북 정읍시 영원면 은선리 43번지 |
| | 정읍 천곡사지 칠층석탑 | 보물 제309호 | 고려 | 전북 정읍시 망제동 산9-2번지 |
| | 해남 대흥사 북미륵암 삼층석탑 | 보물 제301호 | 고려 | 전남 해남군 삼산면 구림리 산8-1 |
| | 제주 불탑사 오층석탑 | 보물 제1187호 | 고려 | 제주 제주시 삼양1동 696 |

# 탑 선 채로 천년을 살면 무엇이 보일까

2019년 12월 23일 초판 1쇄 발행

지은이 · 손묵광, 이달균
펴낸이 · 김상현, 최세현 | 경영고문 · 박시형

편집인 · 정법안
책임편집 · 손현미 | 디자인 · 김애숙
마케팅 · 양근모, 권금숙, 양봉호, 최의범, 임지윤, 조히라, 유미정
경영지원 · 김현우, 문경국 | 해외기획 · 우정민, 배혜림 | 디지털콘텐츠 · 김명래
펴낸곳 · 마음서재 | 출판신고 · 2006년 9월 25일 제406-2012-000063호
주소 · 서울시 마포구 월드컵북로 396 누리꿈스퀘어 비즈니스타워 18층
전화 · 02-6712-9800 | 팩스 · 02-6712-9810 | 이메일 · info@smpk.kr

ⓒ 손묵광, 이달균(저작권자와 맺은 특약에 따라 검인을 생략합니다)
ISBN 978-89-6570-991-6 (03910)

쌤앤파커스(Sam&Parkers)는 독자 여러분의 책에 관한 아이디어와 원고 투고를 설레는 마음으로 기다리고
있습니다. 책으로 엮기를 원하는 아이디어가 있으신 분은 이메일 book@smpk.kr로 간단한 개요와 취지,
연락처 등을 보내주세요. 머뭇거리지 말고 문을 두드리세요. 길이 열립니다.